［改訂版］

エピソードから楽しく学ぼう

環 境 指 導 法

佐々木由美子 ［編著］

及川留美・小野崎佳代

梶原里美・寒河江芳枝 ［著］

創 成 社

はじめに

　園生活における何気ない日常的な保育のなかで，日々，たくさんのエピソードが生まれています。「せんせい，みて，あそこにおうまさんがいる」と空を指さしながら叫ぶ子。「あ，ほんとだ，おうまさんだね」と笑顔で返す保育者。すると「せんせい，こっちみて，ライオンがいるよ」「あっちには，うさぎだ」「ぞうもいる」と叫び合う子どもたちの声が，あちこちから聞こえてきます。雲の形からさまざまな動物を次々と見つけ出し，いつの間にか空に生まれた雲の動物園を，保育者とともに楽しむ子どもたちの姿がそこにあります。その姿を思い描いてみてください。発見をよろこぶ子どもの声が聞こえてきませんか。子どもと保育者の笑顔が見えてきませんか。そして，ほのぼのとした温かさにも触れる思いがしませんか。園生活のなかで生まれるさまざまなエピソード。そこには，思いもよらぬ子どもの発想に心揺さぶられたり，釘付けになったりしながら，私たちおとなが忘れかけていた大切な何かに気づかされるできごとが詰まっています。そして，日々繰り広げられる何気ないエピソードの積み重ねのなかで，子どもたちは，人としての心も育んでいきます。

　このような何気ない園生活のなかで繰り広げられるエピソードを紐解きながら，保育の学びを深めていくことをめざして編集されているのが，「エピソードから楽しく学ぼう」シリーズです。

　すでに，「保育内容総論」「子ども理解と支援」を刊行し，本書は，保育内容「環境」のテキストとしてまとめられました。

　今，私たちの生きる自然環境は，地球温暖化による異常気象の影響で，暖冬や猛暑ということばを耳にすることも多くなりました。そして，生活環境も，少子化や情報化が進むなか，パソコン動画に１人で興じる子どもの姿を目にすることも，不思議な光景ではなくなってきています。たくさんの子どもたちの

声が飛び交う外遊びの姿も少なくなっているのが現実であり，子どもたちの生活は，デジタル技術の進歩により，電子メディアと触れる時間が長くなっていることは否めません。このような状況のなかで，自然と親しむ機会や子どもたちが自然に関心を寄せる機会を提供し，人やモノとの触れ合いを通して，子どもの育ちを支えている園生活は，子どもたちが思いっきり楽しく遊ぶことのできる砦の1つでもあるともいえるでしょう。

　本書は，子どもを取り巻く今の環境をみつめ，保育内容「環境」の学びを深めてくださることを願いながら，編集されました。そのため，保育者，教育者を志す方のテキストになることはもちろん，日々子どもと向かい合っている保育者や教師の方，そして，保育や子育て支援に関心をもっている方にとっても，保育内容「環境」の学びを深めるための一助になると考えています。

　本書の構成は，次の8章から成り立っています。

　まず，1章において子どもを取り巻く環境について学び，2章において，保育における領域「環境」の位置づけを理解します。3章から7章において，自然やモノ，社会や地域などとの具体的なかかわりについての学びを深めます。そして，最終章の8章では，7章までの学びを土台に，子どもたちが思う存分遊び込める環境を考えるために，人的環境の重要性について学びながら，保育内容「環境」のあり方を追究します。

　各章とも，「エピソードから楽しく学ぼう」シリーズとして，読者とともに学び合う思いを込め，「学ぼう」という問いかけからはじまっています。そして，その学びを深めるために，保育の実践の場で日々繰り広げられるエピソードをたくさん取り上げています。それぞれの章を担当する執筆者が，自ら体験し心揺さぶられたエピソードや，観察を通して魅せられたエピソードなどが織り込まれています。そのエピソードを通して，読者の方一人ひとりが，具体的な子どもの姿を思い浮かべてくださることを願っています。そして，ぜひ，その場に身を置く1人の人間として，そのエピソードを見つめながら，自分だったら子どもの姿をどのようにとらえるだろうかと問いかけてみてください。

　本書を通して，保育内容「環境」の学びを深め，さらに保育という営みの深

さ・尊さについて追究してくださることを願っています。

2017 年 3 月

福﨑淳子

改訂にあたって

　本書の初版が発行されたのは 2017 年 4 月でした。ちょうど 2017 年は幼稚園
教育要領・保育所保育指針・幼保連携型認定こども園教育・保育要領が改訂
（改定）・告示される年でした。2016 年の年末になっても改訂内容が公表され
ず，ギリギリまで待って，ようやく完成させたテキストでした。それから 4 年。
今回，本書を改訂するにあたっては，前回，盛り込めなかった乳児保育の 3 つ
の視点や，幼児期の終わりまでに育ってほしい姿（10 の姿）を加えました。エ
ピソード数も 87 になりました。園生活の中で繰り広げられた，たくさんのエ
ピソードを通して子ども理解を深め，保育を楽しく学んでいただけるとうれし
いです。

　2021 年 3 月

佐々木由美子

目　　次

第 1 章
子どもを取り巻く環境について学ぼう

本章のねらい

　ふだんあまり意識しませんが，私たちは常に環境の影響を受けて生活しています。近年，子どもが変わった，子どもの様子がおかしいといった声がきかれますが，その要因の 1 つとして環境の変化があげられます。子どもたちをとりまく環境は，どのように変化してきているのでしょうか。その環境の変化によって，子どもたちの遊びや生活はどのような影響を受けているのでしょうか。本章では，子どもたちの遊び環境，生活環境を中心に子どもを取り巻く環境について学びます。

① **環境とは何かについて知りましょう。**

　「環境」という言葉は，よく耳にします。では，「環境」とはなんなのでしょう。自分の言葉できちんと説明できるようにしましょう。

② **環境が現代の子どもたちの生活にどのような影響を及ぼしているのかについて学びましょう。**

　現代の子どもたちの生活はどのようになっているのでしょう？　メディアとのかかわりや食生活など，子どもたちの生活と環境のかかわりを考えてみましょう。

③ **子どもたちの遊び環境について学びましょう。**

　子どもにとって特に遊びは重要です。その遊び環境がどのようになっているのかについて学びましょう。

はじめに

　環境とは何でしょう。「地球環境」「生活環境」「生育環境」「環境にやさしい」など，日常生活のなかで「環境」という言葉を耳にすることも多くなりました。辞書によると環境とは「四囲の下界。周囲の事物。特に人間または生物をとりまき，それと相互作用を及ぼし合うものとして見た外界。自然的環境と社会的環境とがある」[1] と定義されています。つまり，環境とは海や山，気象，草や木々，動物など自然的なものはもちろん，文化や社会，コミュニティ，経済，情報システムなど人為的なものも含めて，私たちの周囲にあって，私たちと相互に影響しあうすべてのものといってもよいでしょう。

　私たちの生活様式や習慣，思考，文化といったものも，環境との相互作用のなかで形成されています。たとえば，日本では玄関先で靴をぬぎますが，欧米では家のなかでも靴を履いたままです。それも雨が多く湿度の高い日本の気候風土によるものと考えられます。また，零下になることが多い雪国の冬では，野菜を凍らせないために冷蔵庫あるいは雪のなかに埋めて保存します。冬でも20度以上ある暖かい地域では考えられないことでしょう。そうした環境のなかで凍み豆腐，凍みこんにゃく，かんずり（唐辛子を雪にさらして辛味をやわらげ，それを漬け込んだ発酵食品）など，雪や寒さを使った独特の食文化や生活習慣，遊びなどが生まれてきたのです。環境がいかに大きな影響をあたえているかがわかるでしょう。本章では，その自然的，社会的環境が，現代の子どもの育ちにおいてどのようにかかわっているのかをみていきたいと思います。

第1節　子どもたちの遊び

　社会や環境の急激な変化によって，子どもたち自身にも深刻な変化がおきています。体力や運動能力が低下しているといわれるだけでなく，学力や意欲，向上心や対人関係能力の低下もみられます。また，糖尿病や高血圧など成人の

病気と思われていた生活習慣病を患う子どもも増加し，不登校や引きこもり，いじめや自殺なども増加しています。さらに国連児童基金（ユニセフ）が先進国 25 ヶ国の 15 歳の子どもを対象に「幸福度」を調査したところ，日本の子どもたちは先進国のなかでも飛び抜けて「孤独である」と感じています。日本学術会議では，こうした「「子どもの危機」とも呼ぶべき状況は，幼児から青少年まですべての段階において見られる」[2)] とし，現代社会に生きる子どもたちの成育環境の劣化を指摘しています。

　仙田満（2009 年）は「あそび意欲，運動意欲，学習意欲はパラレル」[3)] であるとし，夢中になって外遊びをする遊び体験の欠如が，子どもたちの意欲を低下させ負の連鎖を引き起こしていることを示唆しています。では，現代の子どもたちの遊びがどのようになっているのかをみていきましょう。

（1）遊ばない・遊べない？　子どもたち

　「子どもが遊ばなくなった」「遊べなくなった」といわれ始めたのは 1970 年代頃からですが，その傾向は近年ますます顕著になっています。「遊べなくなった」とはどういうことでしょう。次のエピソードを見てみましょう。

エピソード 1　「何で遊んだらいいの？」（3 歳児）

　3 歳児の 6 月。年少の 2 クラス合同で近くの神社にお散歩に行くことにしました。神社には，ブランコやすべり台など遊具らしい遊具はいっさいありません。その代わり，木々がまわりを取り囲むように林立し，中央には広々とした空間があります。みんなで追いかけっこをしたり，かくれんぼをしたりできるだろうと，保育者は考えたのです。ところが神社についたとたん，ケンくんが声をあげました。

　「え〜，何で遊んだらいいの？」

　保育者が「かごめかごめ」や「だるまさんがころんだ」などの伝承遊びを数人の子どもたちと始めると，次々とほかの子どもたちも加わり，遊びの輪が広がっていきました。初めは戸惑っていたケンくんも「ぼくもする」と，遊びに加わってきました。

　このエピソードにみられるように，現代の子どもたちは，幼い頃から消費社会の一員として，あふれるほどの「モノ」に囲まれ，「モノ」に依存して遊ぶことが多くなっています。ケンくんは，これまで家庭でも園でも玩具や遊具を使った遊びが中心だったのです。入園したての４月にも「幼稚園には，ぼくの好きなおもちゃがないからつまらない」とこぼしていました。初めは戸惑っていたケンくんですが，これまでとは違う「みんなで遊ぶ楽しさ」を経験するきっかけになりました。

　大人が想像もしないような遊び方や遊びを生みだしては，夢中になって遊ぶ子どもたちをかつては「子どもは遊びの天才」と賞賛しました。しかし，家庭や地域社会のなかでは，子どもたちが想像力を駆使して遊びを創りだしたり，工夫したりするような体験がしにくくなっています。児童館にやってきた小学生たちがゲームをもっていないと手持ちぶさたで，「なにしていいかわからない」と戸惑う様子もしばしばみられます。土や水や草花といった自然物で遊ぶ経験も少なくなり，入園したばかりの子どもたちのなかには，「手が汚れる」「汚い」「叱られる」と，どろんこ遊びを嫌がる子どもも増えています。しかし，年長児たちが砂場で山や川をつくっては泥だらけになって遊ぶ様子を目にするなかで，「おもしろそう」「やってみたい」と遊び始め，どろんこ遊びが大好きになっていきます。異年齢の集団のなかで，遊びや遊びの面白さ，醍醐味も伝わっていくのです。

　「遊ばなくなった」「遊べなくなった」というのは，子どもたちの遊ぶ力が低下しているのではなく，現代の子どもたちをとりまく環境によるものが大きいといえます。次節では，子どもたちの遊び環境について具体的にみていきたいと思います。

（2）子どもたちの遊び環境

　遊びが成立するためには，空間・時間・仲間の３つの間が必要だといわれます。ところが，現在は少子化や都市化などのために，そのいずれもが十分に保障されない状況が生まれています。その結果，子どもたちの遊びは外遊びから

室内遊びへ，集団遊びから少人数遊びへ，そして多様な遊びから画一的な遊び
へと変化しました。

①　空間―遊び空間の減少―

　かつて子どもたちの遊び場であった空き地や路地，自然空間が減少し，日本
の子どもたちの遊び空間量は非常に小さいものになっています。1990 年代前
半に行われた遊び空間量の国際比較調査[4]をみても，東京都心では 1 人あた
り約 1,500m^2 でドイツや北アメリカの子どもたちの遊び空間量の 10 分の 1 程
度しかありません。日本の子どもたちがごく限られた遊び空間のなかで遊んで
いることがわかります。空間量が小さくなれば，それに応じて運動量も減少し
ます。

　厚生労働省の調査（2007 年）[5]によると，子どもたちがふだん遊んでいる場
所は，「自宅」が 95.1％と最も多く，次いで「児童館や児童公園などの公共の
遊び場」になっています。しかし，その公園ですら，昨今の犯罪の増加に加
え，遊具が次々と撤去されて画一化した空間になっているうえに，「ボール遊
び禁止」「大声禁止」「自転車乗り入れ禁止」など禁止事項が設けられていると
ころも多く，子どもたちがのびのびと遊べる空間ではなくなっているのが現状
です。

②　時間―忙しい子どもたち―

　思う存分遊びこむためには，ある程度のまとまった時間が必要です。しかし，
現代の子どもたちは，スケジュールに追われ，時間を忘れて遊ぶということが
できなくなっています。幼い頃から習い事や塾に通う子どもたちが増え，遊び
のための時間が小間切れになっているのです。スイミングやピアノ等，なんら
かの習い事をしている子どもは 80％以上になります。幼児をみても，1 歳児で
も 20％近くの子が習い事をしており，その割合は 4 歳児以降増加し，6 歳児に
なるとやはり 80％を超える子どもたちが習い事をしているのがわかります（表
1－1 参照）。

表1−1　習い事をしている比率（子どもの年齢別経年比較）

(%)

	00 年	05 年	10 年	15 年
1 歳児	23.3	25.1	17.1	17.0
2 歳児	26.8	37.3	24.6	25.7
3 歳児	42.0	50.9	37.7	29.8
4 歳児	47.2	54.9	45.8	47.9
5 歳児	68.6	75.1	67.6	71.4
6 歳児	78.7	85.5	76.7	82.7

＊1歳児は，1歳6ヶ月以上のみを分析。
出所：「第5回幼児の生活アンケート」（ベネッセ教育総合研究所，2016）。

　そのため，遊びのための時間が短くなっています。小学5年生の放課後の遊び時間をみると，遊びの全体平均時間は41分で，そのうち外遊びが11分，室内やゲームでの遊びが30分となっています[6]。子どもたちに聞くと，けっして外遊びが嫌いなわけではありません。時間がないから遊べないのだといいます。小間切れの時間を使いながら遊んでいるのが現状なのです。

③　仲間─子どもの世界の縮小─

　遊び時間がないだけでなく，近所に遊び友だちがいないということも珍しいことではなくなっています。1989年に合計特殊出生率が急落し，過去最低だった1966年（ひのえうまにあたる）の1.58を下回る1.57という数値を記録し，「1.57ショック」といわれました。それをきっかけに政府は少子化対策に取り組んできましたが，2019年の合計特殊出生率は1.36と，依然，人口維持に必要といわれる2.08の水準に戻すことができません。

　近所に同じくらいの年齢の子どもがいなくなり，またかつてのように年長のきょうだいの後について，異年齢の仲間集団に加わって遊ぶこともなくなれば，もはや幼い子どもたちは親に付き添われて遊ぶか，あるいは家のなかで1人もしくはごく限られた友だちと遊ぶしかありません。それを裏付けるよう

に、「幼児の生活アンケート」調査（ベネッセ教育総合研究所，2016年）では，幼稚園・保育園以外で平日友だちと遊ぶ幼稚園児は27.3％と，1995年調査時の56％から半減しています。逆に母親と遊ぶという回答が86.0％と，55.1％から大幅に増加しています。子どもたちが群れて遊ぶ姿が地域社会から消失しつつあります。

　子どもたちが集まって「これやりたい」「あれやりたい」と，遊びのなかで自分の思いを実現し，友だち同士でぶつかりあったり，試行錯誤したりしながら，存分に遊ぶことができるのは，いまや幼稚園や保育所，こども園といった保育の場に限られてきているのがわかります。それだけに，子どもたちの遊びが豊かに広がっていくために，どのような配慮がされているのか，園舎や園庭，保育室，そして保育者を含んだ園の環境が重要になります。

第2節　子どもたちの生活

　産業の発展に伴い，私たちの生活は便利になりました。しかし，その便利さと引き替えに失ったものもあります。ここでは，子どもたちの生活がどのように変化してきているのかをみていきましょう。

（1）メディア環境とこども

　日本でテレビ放送が開始されたのは1953年のことですが，いまやデジタル技術の進歩により，パソコンや携帯電話，スマートフォン，インターネット，ゲーム等，各種メディアは私たちの生活の隅々にまで行きわたっています。「いないないばあ」などのあやし遊びをする代わりに，スマートフォンを見せられて育つ赤ちゃんも少なくありません。日本小児科医会では，「子どもとメディア」の問題に関する提言（2004年）を発表し，2歳まではテレビ・ビデオの視聴を控えること，1日のメディアとの総接触時間を2時間以内に抑えることなど注意を促しています。電子メディアとの接触が長時間に及ぶと，表情が乏しい，視線があわない，言葉が乏しいなど，対人関係の発達にさまざまな問題が

みられるようになります。メディアによって，人とかかわり合う機会や時間が奪われているのです。基本的信頼関係を築く時期である乳幼児にとって，これは大きな問題です。人と直接かかわるなかでこそ，言葉の発達はもちろん，自分の気持ちを伝え相手の気持ちを理解する力や，人との信頼関係が育まれていくのです。

　「小学生のメディア行動に関する調査報告」（メディア環境研究所，2012年）によると，小学生の80.8％がパソコンを利用し，携帯電話の所有率は高学年の女子になると59.0％と6割近くにもなっています。1日の接触時間は，テレビやゲームを含め，平均4.8時間にもなっています。メディアの接触時間が長くなると睡眠時間が短くなるという報告もあり，乳幼児も含め，子どもたちが適切なメディアとのつきあい方を身につけていくことや，メディア以外の楽しさをみつけることが大切になっています。

（2）子どもの食生活

　食品流通システムの整備拡大や冷蔵・冷凍，食品加工技術の伸展によって，私たちの食生活も大きく変化しました。レトルトやインスタント食品をはじめ，菓子パンや総菜，お弁当など，調理をしなくてもすぐに食べられる商品が身のまわりにあふれ，いつでも，どこでも，好きなものを手軽に食べられるようになっています。しかしその一方で，子どもが1人で食事をする「孤食」，あるいは家族で別々のものを食べる「個食」，自分の好きな同じものばかりを食べる「固食」等の7つの「こ食」をはじめ，朝食の欠食，家族そろっての食事の減少など，食をめぐるさまざまな問題がみられるようになってきています。これまで家族で食卓を囲むことによって自然に身についていた食事のマナーや食習慣などが定着しにくくなっています。

　また，子どもの誕生日，お正月，節句など，祝い事や行事食においても，母親が手作りするよりも，テイクアウトや外食を利用する家庭が増加してきているといいます[7]。こうした季節や節目を特に意識せず，出来合いのものを多く利用する食文化においては，食や食材を通して季節を感じ，味わうといった情

緒や感性，味覚，また調理することや食そのものへの興味・関心が育ちにくいのはいうまでもありません。「保育所における食育に関する指針」（厚生労働省）においても，「乳幼児期から，発達段階に応じて豊かな食の体験を積み重ねていくことにより，生涯にわたって健康でいきいきとした生活を送る基礎となる「食を営む力」を培うことが重要である」と述べられています。

　こうした現状を踏まえ，野菜を栽培し子どもたちと調理をしたり，季節や旬に配慮した給食を提供したり，それぞれの園が工夫し，食育に取り組んでいます。写真はこどもの日をイメージした給食です。楽しくおいしく食べられるよう工夫されているのがわかります。幼児期にうれしい・楽しい・おいしい体験を数多く重ねていくことが生きる力を育む土台にもなっていくのです。

　これまでみてきたように，現代の社会は便利で物質的には豊かになっていますが，子どもが育つ環境としては，けっして豊かなものではありません。いままで家庭や地域のなかで，自然に育っていたものが育ちにくくなっています。保育の場においては，こうした点に配慮しつつ，子どもが伸び伸びと育っていけるような環境をつくっていく必要があります。

こどもの日の鯉のぼりをイメージした給食
（提供：せきや保育園）

第3節　保育における環境の重要性

　なぜ，保育において環境が大切なのでしょうか。それは幼児期の特性と，幼児をどのような存在としてとらえているのか，という根本の問題と深くかかわっています。

　まず，幼児期の特性についてみてみましょう。幼児期はピアジェ（Piaget, J. 1896-1980）の思考の発達段階説によると前操作期にあたります。この時期の子どもは，抽象的な概念によって物事を理解していくのは困難であり，五感や身体運動を通して得た情報をもとに外界を知覚していきます。つまり，幼い子どもたちは，自身の目で見，手で触れ，体験したり感じたりした直接的・具体的な体験を通し世界を知覚・認識し，心を耕していくのです。

　たとえば，物の性質を例にあげて考えてみましょう。丸い積み木と四角い積み木があります。子どもたちは実際に手でさわり，積み上げたり，転がしたりしながら，丸い形はなめらかで転がりやすいこと，積み上げるのは難しいこと，四角は角と平らな面があることなど，さまざまなことを知っていきます。つまり，遊びを通して学んでいるのです。どんなに図や言葉を使って説明しても，具体的な経験から得る学びにはかないません。幼児期は，まず直接的・具体的体験をたくさん積み重ねていくことが大切です。それが小学校以降の理論的・系統的学びの土台をつくっているのです。

　次に子ども観についてです。子どもをどのような存在としてとらえているのかによって，子どもへの接し方をはじめ，保育や教育の仕方も異なってきます。みなさんにもそれぞれの子ども観があると思いますが，17世紀の哲学者ジョン・ロック（Locke, J. 1623-1704）は，子どもを「タブラ・ラサ（白紙の状態）」ととらえました。まったく白紙の状態だからこそ，「習慣づけ」と「訓練（身体的訓練と精神的訓練）」が重要であり，教育によってこそ立派な人間にすることが可能だと考えたのです。一方，ジャン・ジャック・ルソー（Rousseau, J. J. 1712-1778）は「万物をつくるものの手をはなれるときすべてはよいものである

が，人間の手にうつるとすべてが悪くなる」[8]と述べています。子どもはせっかくよいものを備えて生まれてくるのに，教育を受けるなかで，どんどんゆがんでしまうと考え，「消極教育」を唱えたのです。また，子どもはけっして「小さな大人」ではなく，大人とは異なる子ども時代という固有の世界があるのだと，子どもの独自性をみいだしたのもルソーです。

　では，我が国においては，どうでしょうか。幼稚園教育要領や保育所保育指針からは，子どもを能動的かつ主体的な存在としてとらえているのがわかります。「幼児は安定した情緒の下で自己を十分に発揮することにより発達に必要な体験を得ていくものであることを考慮して，幼児の主体的な活動を促し，幼児期にふさわしい生活が展開されるようにすること」（幼稚園教育要領），「子ども自らが環境に関わり，自発的に活動し，様々な経験を積んでいくことができるよう配慮すること」（保育所保育指針）。いずれも，「おもしろそう」「やってみたい」とまわりの環境に自らかかわるなかで，心も体も発達していく主体的な存在として子どもをとらえています。子どもは，何もわからない存在ではなく，自ら気づき，自ら学ぶ力をもった存在なのです。だからこそ，幼児教育は「幼児期の特性を踏まえ，環境を通して行うものであることを基本とする」（幼稚園教育要領）のです。私たち保育者は子どもに無理に知識を教えるのではなく，「子どもの主体としての思いや願いを受け止めること」や，「子どもが自発的・意欲的に関われるような環境を構成し，子どもの主体的な活動や子ども相互の関わりを大切にすること。特に，乳幼児期にふさわしい体験が得られるように，生活や遊びを通して総合的に保育すること」（以上，保育所保育指針）が大切になってきます。子どもが主体的にかかわるなかで，豊かな経験ができるよう，環境を整えておく必要があるのです。

・・・・・・・・・・・・・・・・・・・・　引用・参考文献　・・・・・・・・・・・・・・・・・・・・

1）『広辞苑』（第 6 版）。
2）日本学術会議　子どもを元気にする環境づくり戦略・政策検討委員会『我が国の子どもを元気にする環境作りのための国家戦略の確立に向けて』2007 年。

3）仙田　満「子どもの生育環境」『そだちの科学』12 号，日本評論社，2009 年，p.77。
4）仙田　満『こどものあそび環境』鹿島出版会，2009 年。
5）厚生労働省「第 6 回 21 世紀出生児横断調査」，2007 年。
6）ベネッセ教育総合研究所「第 2 回　放課後の生活時間調査」，2013 年。
7）岩村暢子『家族の勝手でしょ！』新潮文庫，2012 年。
8）ルソー著，今野一雄訳『エミール』岩波文庫，1996 年。

第 1 章　確認問題

次の（　　）に適切な言葉をいれましょう。

1．環境とは自然的なものだけでなく，人為的なものも含めて，私たちの周囲
　にあって，私たちと相互に（　　　）しあう（　　　　　）ものをさす。

2．子どもたちが遊ばなくなっているのは，（　　　）（　　　）（　　　）
　という 3 つの間がそろわなくなっているのも一因である。

3．長時間メディアに接触していることによって，（　　　　）が乏しい，
　（　　）があわない，言葉が乏しいなど，対人関係の発達にさまざまな
　問題がみられる。日本小児科医会では，2 歳までの子どものテレビ・ビデ
　オの視聴を 1 日（　　　）時間に抑えるよう提言している。

4．子どもが 1 人あるいは子どもだけで食事をすることを（　　　　）と
　いう。また，家族がそろっていても，それぞれが別のものを食べることを
　（　　　　）という。

5．我が国の保育・幼児教育では，子どもを（　　　　　）で，主体的な存在
　としてとらえている。そのため（　　　　）を通した教育が重要である。

第2章
領域「環境」について

本章のねらい

　子どもは自分の身のまわりにある環境に自ら働きかけることによってさまざまなことを学び成長していきます。子どもの育ちを支える保育において重視されていることは，日々の生活そして生活の場である環境を通して子どもたちの人格形成の基礎を培うことです。その保育を行ったり乳幼児の生活する姿をとらえたりする際の視点として幼稚園教育要領や保育所保育指針では，5つの領域（健康・人間関係・環境・言葉・表現）が示されています。

　本章では，日々の生活における子どもの育ちを実際のエピソードをもとにしながら考えていきます。また保育における5領域およびそのなかの1つ，このテキストのテーマである領域「環境」についてくわしく学んでいきます。以下3つのことに着目し，理解を深めていきましょう。

① **子どもの学びの特徴と保育において重視されていることについて学びましょう。**

　子どもたちは日々体験を通してたくさんのことを学んでいます。具体的なエピソードを通して，子どもたちの学びの特徴について理解を深めましょう。また同時に子どもたちの学びをうながすために大切なことについて学習しましょう。

② **幼児期の終わりまでに育ってほしい姿や領域の考え方について理解しましょう。**

　保育における領域とは何かということを学習するとともに，実際の保育の現場におけるエピソードをもとにしながら領域同士の関連について理解しましょう。

③ **領域「環境」について理解しましょう。**

　領域「環境」について，ねらいや内容も含め具体的に理解しましょう。

第1節　乳幼児期の学び

（1）体験を通して学ぶ

　みなさんは現在どのように保育について学習していますか。このテキストを使用した授業を通して保育について学んでいることと思います。学校で通常行われている授業は，教授学習といって教師やテキストから文字や言葉を通して教授されることが中心となっています。こうした学習は文字や記号，社会の慣習をすでに知っていること，つまり知識を学ぶための基礎が確立しているからこそ可能となる学びといえます。

　では，発達の基礎を培うこと[※1] が目的とされている乳幼児期の子どもたちはどのように学んでいるのでしょうか。次のエピソードから一緒に考えてみましょう。

エピソード 1　「でも歯は磨かない」（4歳児）

　4歳児のナオトとマサキとトモヤは砂場に準備されていたフライパンと，おけとなべに乾いた土や落ち葉を入れ，なかをのぞき込みながら話をしています。

　近づいてみると，ナオトが黙ってフライパンを差し出しました。「何ができたの？」と聞くと，予想していなかった質問にナオトはびっくりした様子。マサキが少し怒ったように「ちがうよ。おれたちダンゴムシ飼ってるんだよ。なあ」，するとトモヤが「そうだよ。茶色いダンゴムシもいるんだ」となべをもち上げて見せてくれます。「どれ，どれ」とのぞいてみると，何匹かのダンゴムシが落ち葉の下にかくれています。なかにはうす茶色の小さなダンゴムシもいて，「これは赤ちゃんダンゴムシ」とトモヤが指をさします。

　マサキは「ダンゴムシ，名前がついているんだ。これはダースベーダー，これは・・・」と自慢げに教えてくれます。「へえ，違いがわかるの？」

と聞くと，1匹のダンゴムシを手に乗せ，「ほら，背中に線がついてるだろ。この線のついてるのがダースベーダー」とマサキ。

　しばらくするとマサキが「そこの葉っぱとって」と足元を指します。

　足元の落ち葉を数枚拾ってそのままおけに入れると，「こういう葉っぱはダメなんだよ」と言って，シダの葉のような面積の小さい落ち葉を取り出します。マサキは「ダンゴムシはさ，葉っぱの下にいて，夜になると死んだ虫食べるんだよ。・・でも歯は磨かない」と言い，トモヤが「お風呂も入らないよ。小さいからね」と続けます。

　エピソードからわかるように，ダンゴムシを飼っているというナオトとマサキとトモヤは，ダンゴムシのことについてたくさんのことを知っています。「夜に死んだムシを食べる」ということは，絵本で見たり，誰かに聞いたりしたことかもしれません。しかし，ダンゴムシが葉っぱの下の暗いところにいること，ダンゴムシには茶色い色をしたものや背中に線が入ったものがいることは，3人が体験から知ったこととととらえることができます。子どもたちはダンゴムシを飼いたいなと思い，ダンゴムシを園庭で探す体験，飼っているダンゴムシをじっくり見たり触ったりする体験から「ダンゴムシ」について学んでいます。

　また子どもたちが興味をもって取り組む体験は，直線的に学びと結びつくものではありません。友だちと「ダンゴムシを飼う」という体験は，「ダンゴムシについて興味や関心をもつ」だけでなく，「友だちと一緒に言葉を交わしながら遊んだり考えたりすることの楽しさを味わっている」ともいえます。幼稚園教育要領第1　幼稚園教育の基本2には以下のように記されています。

　　幼児の自発的な活動としての遊びは，心身の調和のとれた発達の基礎を培

う重要な学習であることを考慮して，遊びを通しての指導を中心として第2章に示すねらいが総合的に達成されるようにすること。(傍線筆者)

　下線にあるように，子どもたちの体験の軸となる遊びは，乳幼児期の子どもたちにとって重要な学習なのです。また体験が学びとなるのは遊びだけではありません。たとえば絵の具で汚れた手をせっけんで洗うときれいになるというような日常生活における慣習なども体験によって学んでいきます。

［エピソード 2］ 「ばあ！」（1 歳児）

　1 歳児のクラスでは，A4 サイズの鏡シール（鏡のように物が映りこむシール）を出入り口の近くにある棚の側面に貼ることにしました。いざ貼ろうとする時，どのくらいの高さのところに貼るのか悩みました。他の担任保育者と話し合って，一番背の低いショウタが立ち上がった時にちょうど顔が見えるような高さに貼ることにしました。

　子どもたちが登園すると，みんな鏡に興味津々。われ先にと覗き込んでいます。ミクは不思議そうに鏡に映った自分の顔を触っています。ショウタは鏡に自分の姿が映っていることに気がついたのでしょうか。体を鏡の枠の外にずらすと，「ばあ！」と言っては鏡の正面に体を動かし，自分の姿を見つけては喜んでいます。何回も，何回も「ばあ！」といって自分の姿を鏡に映して楽しみました。

　エピソード 2 からは，ショウタが鏡に自分の姿を何度も映してみるという探索活動を楽しんでいる様子がわかります。こうした活動が見るという感覚の働きを豊かにするとともに，物の性質について知るきっかけとなっていきます。
　このように子どもは自分から環境にかかわる体験を通してたくさんのことを学んでいます。しかしただ単に環境を準備すれば子どもたちの学びが豊かになるというものではありません。保育者はまず子どもの関心をとらえて環境を考えること，そしてエピソード 2 にあるように体験のなかから学ぶことができる

ように環境を工夫していくことが重要となるでしょう。

（2）子どもの主体的活動における環境

　保育においては子どもたちの主体的な活動が大切にされています。しかし，子どもたちが自由に過ごせる時間を十分に確保し「さあ，自分の好きな活動をしましょう」とすれば子どもたちの誰もがやりたいことを見つけ，それを続けられるわけではありません。子どもたち自身が「やってみたい」「続けたい」と思うような活動を促すためには，保育者の環境づくりが重要となってきます。エピソードをもとにしながら，保育の環境について考えてみましょう。

エピソード 3　本物と違う？（5歳児）

　5歳児クラスでは6月にクラス全員で行うお店屋さんが始まりました。皆で話し合い，全部で6つのお店をすることに決めました。そのうちの1つ，おもちゃ屋さんでは，扇風機や掃除機，カメラなどを作ることになり毎日，グループの仲間で取り組んできました。

　作ることも手慣れてきたある日，4人はテレビ，2人は扇風機を作る！と分担することにしました。テレビを作っていくチームでは，"パナソニック"という文字が記してある部分を切り取って貼ったり，「テレビは黒くしよう！」と色画用紙を貼っていきました。

　でも，何か本物と違う・・・？「先生，もう1回，本物のテレビ見てきていい？」と言うので，テレビが置いてある事務室に向かうと，「なんか，本物の方が薄い」，「なんか，俺たちのでかすぎない？」と色々なことに気づいたようです。

　部屋に戻ると，まずテレビを半分に切りました。薄くなったことで，少し本物のテレビに近づきました。本物らしくなってきたことで，もっとその物らしくしたい！　と思い始めたのか，「あ，横にボタンがあった！」と，ユウキが気づいたり，「リモコンもあるよね」と，リクトが気づくと，「リモコンにＤボタンあるよね」「あ，そうだね！」とお互いに，気づいたこ

とを伝え合い，盛り上がってきました。

　すると，「先生，画面変えられるようにしたい！」と，マイが言うと，扇風機を作っていた，ヒロキが「横に穴あけたらいいんじゃない？」とアイデアを出してくれました。

　先生と一緒にカッターを使って横から穴を開け，画用紙に描いた絵を画面にし（画面は，天気予報とスターウォーズ，妖怪ウォッチを，リクトとヒロキが描いてくれました），横から画面が替えられるようにしていきました。[※2]

　6月のお店屋さんに向けて，年長クラスではその準備が始まっていました。クラスで自分のやりたいことを決め，ヒロキ，ユウキ，リクト，マイはテレビ作りを始めます。お店屋さんはあらかじめ行うこととして計画されていましたが，その準備の過程で“より本物らしくしたい”という子どもたちの思いを実現させたものは何でしょうか。本物らしいロゴ，色画用紙，そして本物のテレビをじっくりと見る経験は，子どもたちの気持ちを高めたに違いありません。より本物らしいテレビにするために子どもたちのアイデアは次々と広がっていきます。

　このように子どもたちの活動はまわりの環境に触発され発展し，継続していきます。子どもの様子をとらえその活動を発展させるために，どのような環境を準備するのかという視点で保育を計画することが必要となります。しかし，あくまでもそれは保育者が準備した環境で保育者が計画した通りに子どもたちが活動することではありません。子どもの主体的な活動を引き出す環境を整え

ること，そのためにあらかじめ何を準備し，保育者として何を心がけながら子どもたちとかかわっていくのかを考えることが月間指導計画（月案）や週間指導計画（週案）といった保育の計画であるといえるでしょう。

　幼稚園教育要領では，保育における環境について以下のように述べています。

　　教師は，幼児の主体的な活動が確保されるよう幼児一人一人の行動の理解と予想に基づき，計画的に環境を構成しなければならない。この場合において，教師は，幼児と人やものとの関わりが重要であることを踏まえ，教材を工夫し，物的・空間的環境を構成しなければならない。また，幼児一人一人の活動の場面に応じて，様々な役割を果たし，その活動を豊かにしなければならない。（傍線筆者）

　ここで示されているように，保育において計画的に構成される環境とは，物の準備や配置にとどまりません。エピソードにあるように物を準備したり，子どもたちとともに作業をする保育者も子どもたちをとりまく重要な環境の一部であると位置づけられます。

第2節　育みたい資質・能力および
　　　　幼児期の終わりまでに育ってほしい姿

　情報化社会に伴い，あらゆる情報が誰でも瞬時に入手できるようになりました。そのため，教育の現場においても教育に対する問いが「何を知っているか」から「何を理解しているか」，「個別の知識・技能」から『生きて働く「知識・技能」』へ，つまりは「どのような問題解決を現に成し遂げるか」に変化[1]したとしています。

　そして平成29年に告示された小学校学習指導要領第1章総則には育成を目指す資質・能力として以下のように示されています。

図表2−1　育成すべき資質・能力

```
（1）知識及び技能が習得されるようにすること
（2）思考力，判断力，表現力等を育成すること
（3）学びに向かう力，人間性等を涵養すること
```

　同じく平成29年の幼稚園教育要領，保育所保育指針，幼保連携型認定こども園教育・保育要領の改正においては，各施設において育みたい資質・能力及び「幼児期の終わりまでに育ってほしい姿」*3)として新しい項が加わりました。

図表2−2　幼児教育において育みたい資質・能力

```
（1）豊かな体験を通じて，感じたり，気付いたり，分かったりできるように
　　なったりする「知識及び技能の基礎」
（2）気付いたことや，できるようになったことなどを使い，考えたり，試し
　　たり，工夫したり，表現したりする「思考力，判断力，表現力等の基礎」
（3）心情，意欲，態度が育つ中で，よりよい生活を営もうとする「学びに向
　　かう力，人間性等」
```

　学習指導要領と幼稚園教育要領等を比較するとわかるように，幼児期に身に付けたことが小学校以上の教育へとつながっていくことがイメージできると思います。
　そして幼稚園教育要領等には図表2−2（1）〜（3）の資質・能力が育まれている子どもの小学校就学時における具体的な姿であり，保育者が指導を行う際に考慮するものとして以下，幼児期の終わりまでに育ってほしい姿が示されました。

図表2－3　幼児期の終わりまでに育ってほしい姿

健康な
心と体

自立心

協同性

道徳性・
規範意識
の芽生え

社会生活
との関わり

思考力の
芽生え

自然との
関わり・
生命尊重

数量や図形,
標識や文字
などへの
関心・感覚

言葉による
伝え合い

豊かな感性
と表現

　実際の子どもたちの日々の姿から具体的に資質・能力が育まれるというこ
とについて考えてみましょう。

エピソード 4　「仲間と試行錯誤」（4歳児）

　2学期から転入してきたリョ
ウが，空き箱で車を作りまし
た。ストローにキャップをくっ
つけてタイヤを作りましたが,
あまりしっくりきていない様子
です。帰りの会で，そのことを

話題にすると，「キャップに穴を開けて，棒に刺すといいよ！」と教えて
もらい，数人の仲間が教えてくれることになりました。
　木曜日，リョウとアキヒト，ミナコが車を作ると，3人で園庭に車を持
って走らせにいきました。すると，その姿を見て興味を持った子たちがた
くさん集まってきたので，園庭での車作りが始まりました。
　完成すると，いつも遊んでいる"雨どい"を使って「ピタゴラスイッチ
でもできそうじゃん！」「山から走らせてもいいかも！」と園庭のいろ
いろな所で走らせてみます。*4)

　エピソードからは空き箱で車を作りながら，どうしたら車のタイヤを車体につけることができるか試行錯誤をしたり，作った車をどこで走らせたら面白いか（思考力の芽生え）など仲間と工夫をしたりする子どもたちの姿が見られます。保育者が，リョウが車作りで悩んでいる姿を帰りの会で取り上げたことをきっかけに，友だちがどうしたらよいかという考えを伝え，次の日の友だちとの遊びへとつながっていきました。遊びの中では，お互いの考えを伝えあったり，一緒に考えたり工夫したりしながら（協同性）より遊びを面白いものへしていこうとする様子が読み取れます。

　幼稚園教育要領や保育所保育指針等では，上記で示した幼児期の終わりまでに育ってほしい姿について，具体的に次のように述べています。たとえば，思考力の芽生えについて「身近な事象に積極的に関わる中で，物の性質や仕組みなどを感じ取ったり，気付いたりし，考えたり，予測したり，工夫したりするなど，多様な関わりを楽しむようになる。また，友達の様々な考えに触れる中で，自分と異なる考えがあることに気付き，自ら判断したり，考えなおしたりするなど，新しい考え方を生み出す喜びを味わいながら，自分の考えをよりよいものにするようになる。」としています。また協同性について「友達と関わる中で，互いの思いや考えなどを共有し，共通の目的の実現に向けて，考えたり，工夫したり，協力したりし，充実感をもってやり遂げるようになる。」とあります。エピソード４からは，日々の遊びの中で子どもたちの思考力や協同性が育っている様子が読み取れると思います。

　ここで示した幼児期の終わりまでに育ってほしい姿は，達成目標ではありません。遊びを通した総合的な指導の中で育まれている子どもたちの資質・能力をとらえる視点となります。幼稚園や保育所，幼保連携型認定こども園といった施設の形態を問わず，すべての園においてこの幼児期の終わりまでに育ってほしい姿を念頭に保育の充実を図っていくことが求められています。

第 3 節　保育内容

（1）乳児保育におけるねらい及び内容

　誕生してすぐの赤ちゃんは，自らの意思で移動したり，言葉を使って欲求を伝えたりすることができません。生後 1 年間で運動機能が発達し，身近な大人との信頼感を基盤として自分の意思で移動ができるようになるとともに，泣きや表情だけでなく，身振りや発声により自分の意思を伝えようとするようになります。このように乳児期の子どもは著しい発達を見せるとともに，その後の育ちの基盤となる重要な時期となります。そこで平成 29 年の保育所保育指針の改正においては，乳児期および 1 歳以上 3 歳未満の保育の内容が加えられました。

　乳児においては，心身のさまざまな機能が未熟であると同時に，発達の諸側面が互いに密接な関連をもち，未分化な状態です。そのため以下の 3 つの視点からねらい及び内容がまとめられています。

身体的発達に関する視点	「健やかに伸び伸びと育つ」
社会的発達に関する視点	「身近な人と気持ちが通じ合う」
精神的発達に関する視点	「身近なものと関わり感性が育つ」

　3 つの視点の中で，その後の領域「環境」と関連の深い「身近なものと関わり感性が育つ」という視点において 3 つのねらい及び 5 つの内容が示されています。

（2）子どもの発達を生活からとらえる視点としての領域

　幼稚園や保育所は，乳幼児期の子どもたちの人格形成の基礎を培う重要な場となります。そのため園では子どもたちが安心して自己を発揮しながら，さまざまな経験を得ることができるよう，保育者が工夫をしながら保育をしていく

　ことが重要となります。このような保育の基本について幼稚園教育要領や保育
所保育指針が告示され，園ではこれらをもとに保育をしていくことが定められ
ています。
　　保育所保育指針では，保育の目標として以下の6つを示しています。

（ア）十分に養護の行き届いた環境の下に，くつろいだ雰囲気の中で子どもの
　　　様々な欲求を満たし，生命の保持及び情緒の安定を図ること。
（イ）健康，安全など生活に必要な基本的な習慣や態度を養い，心身の健康の
　　　基礎を培うこと。
（ウ）人との関わりの中で，人に対する愛情と信頼感，そして人権を大切にす
　　　る心を育てるとともに，自主，自立及び協調の態度を養い，道徳性の芽
　　　生えを培うこと。
（エ）生命，自然及び社会の事象についての興味や関心を育て，それらに対す
　　　る豊かな心情や思考力の芽生えを培うこと。
（オ）生活の中で，言葉への興味や関心を育て，話したり，聞いたり，相手の
　　　話を理解しようとするなど，言葉の豊かさを養うこと。
（カ）様々な体験を通して，豊かな感性や表現力を育み，創造性の芽生えを培
　　　うこと。

　　（ア）は保育における「養護」に関する目標であり，（イ）〜（カ）は子ども
が健やかに成長し，活動が豊かに展開されるための発達の援助である「教育」
に関する目標となっています。この（イ）〜（カ）をより具体化し，子どもの
生活する姿からとらえたものが保育のねらいおよび内容であり，これらを発達
の特徴からまとめたものが領域です。この領域には心身の健康に関する領域
「健康」，人とのかかわりに関する領域「人間関係」，身近な環境とのかかわり
に関する領域「環境」，言葉の獲得に関する領域「言葉」，感性と表現に関する
領域「表現」の5つがあります。
　　この5つの領域で示されているねらいは，子どもたちの生活全体を通して体

験を積み重ね，相互に関連をもちながら次第に達成に向かっていくものとしてとらえられます。特に，子どもたちの自発的な活動であり，多様な体験を含む遊びを通しての指導を中心として教育が行われることが保育における教育の特徴といえるでしょう。そして子どもたちの具体的な活動を通して総合的に指導されるという点が小学校以上の教育と異なります。小学校の教育の中心は，授業を通して各教科の見方や考え方を学ぶことです。つまり領域と教科とは異なる性質をもつものであるということに留意が必要となります。具体的には次項において子どもの生活の姿から領域や領域と領域との関連について考えてみたいと思います。

（3）保育とは総合的な営み

　保育における活動は，その活動の結果，知識や技能を習得するということを目的とはしていません。幼稚園教育要領にて「各領域に示すねらいは，幼稚園における生活の全体を通じ，幼児が様々な体験を積み重ねる中で相互に関連をもちながら次第に達成に向かうものであること，内容は幼児が環境に関わって展開する具体的な活動を通して総合的に指導されるものであること」と述べられているように保育とはそれぞれの領域に関することを複合的に含んだ活動であるといえるでしょう。では具体的な遊びから考えてみましょう。

┃エピソード 5┃ 「ショーやるから見に来て！」（5歳児）

　　今年の年長クラスは作ることが大好き。毎日，さまざまな空き箱を使って好きな物を作ります。5月にプリキュアのステッキを作ったことがあった，ミキ。今日は何を作ろうかな，と向かった工作コーナーにすてきなリボンを発見。ステッキの先につけると，新体操のリボンのようにクルクル回して遊び始めました！

　　これを見て興味をもったのは，ユイカ。2人は，ふだんあまり遊ぶ機会は多くなかったのですが，この遊びがきっかけで一緒に遊ぶようになりました。

　最初は，クルクルと回していただけでしたが，「先生，ショーやるから見に来て！」と新体操ショーになりました。仲間も入って最終的には5人の新体操ショーになりました。

　しばらくすると，「舞踏会に行ってくるね〜」と，ミキ。"舞踏会??"なんだろうと，担任も一緒についていくと，お化粧道具を作った女の子たちが，お化粧をして先ほどの新体操ショーで踊ったり，ショーを見たりするのが，"舞踏会"だったようです。

　お化粧やダンス，舞踏会など女の子たちの憧れが，遊びとして再現されていきました。[※5]

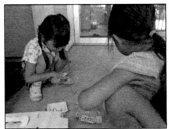

　ミキの思いつきで製作したリボンから始まった新体操遊び，それに興味をもったユイカが加わり新しい友だち関係が生まれました。さらに友だちが加わり，より楽しい遊びへと発展していきます。リボンを使った新体操で，伸び伸びと体を動かしながら表現したり，お化粧品を作っておしゃれをしたり，舞踏会遊びを通して友だちと一緒に自分の思いをさまざまな方法で表現しています。このように遊びは前述した領域の要素を複合的に含んだ活動です。保育においては遊びを中心とした活動を重ねることで，ねらいが総合的に達成されていくことが目指されています。

第4節　領域「環境」とは

（1）領域「環境」のねらい

　領域とは子どもの発達の特徴を子どもの生活する姿からまとめたものであり，前述したとおり5つあります。ここでは，このテキストの中心のテーマである領域「環境」についてくわしく見ていきたいと思います。

　保育を通じて育みたい資質・能力を子どもの生活する姿からとらえ，環境の視点からまとめたものが領域「環境」です。「周囲の様々な環境に好奇心や探求心をもって関わり，それらを生活に取り入れていこうとする力を養う」という保育の目標のもとに，以下の3つが領域「環境」のねらいとなっています（「幼稚園教育要領」「保育所保育指針」「幼保連携認定こども園教育・保育要領」3歳以上児）。

①　身近な環境に親しみ，自然と触れ合う中で様々な事象に興味や関心をもつ。
②　身近な環境に自分から関わり，発見を楽しんだり，考えたりし，それを生活に取り入れようとする。
③　身近な事象を見たり，考えたり，扱ったりする中で，物の性質や数量，文字などに対する感覚を豊かにする。

　ここで目指されている子どもの姿とは，身近な環境や自然に触れたりかかわったりしながらそれについて感じたり考えたりする心情や，自分から取り組もうとする意欲や態度をもつことであることが読み取れると思います。こうした心情や意欲や態度が，その後，小学校に入学して授業を通して知識や技能を身につけたり，物事について考えたり判断したりする場合の基礎となっていくのです。
　一般的に保育の環境という場合，保育者や友だちなど人的環境も含めた子どもを取り巻くすべての環境のことを指します。しかし領域の「環境」は，自然環境や社会事象を対象とし，人的環境（人的環境は領域「人間関係」に含まれます）は含まれていないことがわかると思います。

保育所は保育の対象が0歳児〜5歳児であるため，保育所保育指針では，1歳以上3歳未満児の保育に関して各領域のねらいが示されています。領域「環境」のねらいは以下の3つです。

① 身近な環境に親しみ，触れ合う中で，様々なものに興味や関心をもつ。
② 様々なものに関わる中で，発見を楽しんだり，考えたりしようとする。
③ 見る，聞く，触るなどの経験を通して，感覚の働きを豊かにする。

1歳から3歳という時期は運動機能や身体機能，言葉の表出が著しく発達し，日常生活は自立へと向かっていきます。自分の力で自分の世界をどんどん広げることができるようになってくる時期です。こうしたこの時期の子どもの発達の特徴をとらえ，環境とかかわる体験をより豊かにするためのねらいが設定されていることがわかるでしょう。

（2）領域「環境」の内容

内容は領域のねらいを達成するために指導する事項のことであり，指導を行うにあたって留意する事項としての内容の取扱いとともに5つの各領域について示されています。領域「環境」の内容は以下となっています。

① 自然に触れて生活し，その大きさ，美しさ，不思議さなどに気付く。
② 生活の中で，様々な物に触れ，その性質や仕組みに興味や関心をもつ。
③ 季節により自然や人間の生活に変化のあることに気付く。
④ 自然などの身近な事象に関心をもち，取り入れて遊ぶ。
⑤ 身近な動植物に親しみをもって接し，生命の尊さに気付き，いたわったり，大切にしたりする。
⑥ 日常生活の中で，我が国や地域社会における様々な文化や伝統に親しむ。
⑦ 身近な物を大切にする。
⑧ 身近な物や遊具に興味をもって関わり，自分なりに比べたり，関連付けた

りしながら考えたり，試したりして工夫して遊ぶ。

⑨　日常生活の中で数量や図形などに関心をもつ。

⑩　日常生活の中で簡単な標識や文字などに関心をもつ。

⑪　生活に関係の深い情報や施設などに興味や関心をもつ。

⑫　幼稚園（保育所）内外の行事において国旗に親しむ。

　これらの内容は子どもが環境にかかわって展開する具体的な活動を通して総合的に指導するものとされています。環境にかかわって展開する具体的な活動とはどのような活動なのでしょうか。エピソードをもとに考えてみたいと思います。

┤エピソード 6├　おいしいタケノコ（５歳児）

　春になると幼稚園の裏山にたくさんのタケノコが生えます。年長組は裏山にタケノコを掘りに出かけました。少しだけ頭を出したタケノコは，まだ地面のなか深くに隠れています。泥だらけになりながら掘って，掘って，掘って・・・途中で折れないように注意しながらたくさんのタケノコを採りました。

　保育室に戻ると，タケノコをじっくり観察します。「下の方になんかボツボツがついてるよ」「毛みたいなものが生えている」と気づいたことをあげていきます。一通り観察が終わると，皮を一枚一枚むいていきます。タケノコの皮は互い違いに重なるようについていて，縦にたくさんの筋が入っています。数枚皮をむくと，なかから白い中心部が出てきました。皮をむいたタケノコは園長先生が煮物にします。

　次に皮をまだむいていないタケノコを見ながら，タケノコの絵を描きます。タケノコの皮が互い違いについている様子，縦に筋がたくさん入って

いる皮，根本にあるボツボツなど，本物そっくりに描くことができました。
　絵を描き終わったら，お弁当の時間です。採ってきたタケノコの煮物を
お腹いっぱい食べました。

　エピソード5は，子どもたちが「タケノコ」を掘って，見て，触って，描い
て，食べるという具体的な活動となります。こうした活動を通して「環境」の
内容にあるように，自然の大きさや不思議さなどに気づいたり，物に触れてそ
の性質や仕組みに興味をもったり，季節によって自然に変化があることに気づ
いたりしているのです。
　次章からはより具体的な子どもの生活する姿をとらえながら，領域「環境」
について考えていきたいと思います。

【注】

※1）学校教育法第22条では「幼稚園は，義務教育及びその後の教育の基礎を培うも
　　のとして，幼児を保育し，幼児の健やかな成長のために適当な環境を与えて，その
　　心身の発達を助長することを目的とする。」とされている。
※2）※4）※5）エピソードは白梅学園大学附属白梅幼稚園の西井宏之氏に提供して
　　いただきました。
※3）育みたい資質・能力及び「幼児期の終わりまでに育ってほしい姿」は，幼稚園教
　　育要領，保育所保育指針，幼保連携型認定こども園教育・保育要領においてすべて
　　共通の内容になっている。

※本章の一部は『エピソードから楽しく学ぼう人間関係』第2章の一部を転用していま
　す。

・・・・・・・・・・・・・・・・・・・・ 参考文献 ・・・・・・・・・・・・・・・・・・・・

小川博久『遊び保育論』萌文書林，2010年。
厚生労働省編『保育所保育指針解説』フレーベル館，2018年。
高山静子『環境構成の理論と実践』エイデル研究所，2014年。
奈須正裕『資質・能力と学びのメカニズム』東洋館出版，2017年。
文部科学省『指導計画の作成と保育の展開』フレーベル館，2013年。

第2章　確認問題

① 次の文章が正しければ○を，誤っていたら×を記入しましょう。

1. 幼稚園や保育所において遊びと学習の時間は性質が異なるため分けなければならない。

2. 保育者は子どもに直接教えるのではなく，乳幼児の主体的な活動が確保されるように計画的に環境を構成することが重要である。

3. 保育における領域とは，小学校の教科の目標や内容を幼児向けに簡単にしたものである。

4. 保育においては子どもの自発的な活動である遊びを通しての指導を中心として行うため，遊びについて計画をする必要はない。

5. 幼児期の終わりまでに育ってほしい姿は，保育施設の形態にかかわらず共通である。

② 次の文章は領域「環境」のねらいおよび内容です。（　）に適切な言葉を入れましょう。

1. 身近な環境に自分から関わり，（　　　）を楽しんだり，考えたりし，それを（　　　）に取り入れようとする。

2. 身近な事象を見たり，考えたり，扱ったりする中で，物の性質や数量，文字などに対する（　　　　）を豊かにする。

3. 生活の中で，様々な物に触れ，その性質や（　　　　）に興味や関心をもつ。

4. 身近な動植物に親しみをもって接し，（　　　　　　）に気付き，いたわったり，大切にしたりする。

第3章
子どもと自然のかかわりについて学ぼう

本章のねらい

　子どもたちは自然とどのようにかかわり，そのなかでどんなことを学んでいるのでしょうか。自然は私たちのまわりにあたりまえのように存在しています。しかし，あたりまえのようにあるからこそ変化に気づかなかったり，いつでもかかわれるからと後回しにしたりして過ごしていることはないでしょうか。

　その時期にしか咲かない花の美しさや儚さ，さまざまな条件が重なって偶然起こる自然現象，毎日見ている空の色，何気なく転がっている石たちにも心を寄せると面白い発見があるはずです。

　また，自然とかかわるなかで，子どもたちの心の動きをとらえた適切な環境づくりや保育者の援助は，好奇心や探究心の育ちを促し，子どもたちの生きていく力と学びの基礎となる重要なことだと考えます。

　今回は以下の視点から，自然とのかかわりのなかで，子どもたちの学びや育ちについて考えていきましょう。

① **季節を感じる**

　子どもたちがどんな場面で季節を感じ，自然事象に触れ不思議さや美しさ，面白さを感じたりしているのかを学びましょう。

② **植物に親しむ**

　草花や野菜の栽培を通して，世話をすることの大変さや生長を応援することの楽しさ，そのなかでの「心の育ち」についても学んでいきましょう。

③ **生き物と親しむ**

　身近な虫たちや小さな動物たちとのかかわりのなかで愛しいと思う心や，命というものに向き合うことの大切さについて学んでいきましょう。

第1節　季節を感じる

（1）季節を取り入れた経験

①　季節を感じる子どもたち

　日本には四季があり，それぞれの美しい装いを見せてくれます。気温の変化だけでなく，空の色や雲の形，花壇を彩る草花やそれを揺らす風など四季折々の自然に触れ，季節というものを感じながら日々過ごしています。

　たとえば，春はチューリップの花が青空に向かって元気いっぱいに花を咲かせている風景をよく見かけます。この季節は初めて親と離れての園生活が始まる時期でもあり，不安な気持ちが抑えられずに泣いてしまう子どももいるでしょう。そんな時，子どもの気持ちを受け止めながら「ほら，お花が咲いているね」と一緒に花を見たり "チューリップ" の歌を口ずさんだりすると，子どもたちは泣き止み笑顔を見せてくれることがあります。そうした姿を見るたびに，自然には心を和ませてくれる力があると感じます。

　特に用意しなくても身近にある自然を見つけ，子どもたちにその時期にしか味わえない自然とかかわり，五感を使ってさまざまなことを感じてほしいと思っています。

　では，子どもたちは身近な自然の変化にどのように気づき，心を動かしているのでしょうか。

> ┃エピソード 1┃ 「今日の風はぬるいね」（4歳児）
> 　園庭で遊んでいたユリが「先生，今日の風はぬるいね」と不思議そうに，でもうれしそうに声をかけてきました。保育者は「あたたかい風だね，もうすぐ春になるのかな？」と一緒に空を見上げました。

　これは2月の中旬ごろ，春一番が吹いた時のエピソードです。これまではひんやりと冷たい風が吹いていました。冬から春への移り変わりを告げる風を"あたたかい"ではなく"ぬるい"と表現しています。感じたままの言葉であり，よく伝わってきます。「あたたかい風だね，もうすぐ春になるのかな」という言葉を保育者が返したことで，ユリが季節の移り変わりが近いことに気づいた場面でした。

　次は，日の長さに気づいたエピソードです。

エピソード 2 「もう夏なんだって！」（4歳児）

　おやつの後，園庭で遊んでいる子どもたちに「そろそろお迎えの時間だね，保育室に入りましょうか」と声をかけると，「先生，まだ遊んでいても大丈夫だよ，だって暗くなってないもんね」とカズキ。それを聞いていたリョウは「日が長くなってきたんだって。お母さんが言ってたよ。もう夏なんだって」と教えてくれました。

　リョウは「日が長くなりましたね」という日常の大人の挨拶を聞いて，母親に尋ねたのでしょう。いつも迎えに来る頃は日が沈み空には月が見えていたのに，最近は違う…と少しずつ変化していることに，園生活の時間の流れのなかで感じていたのです。

　これらのエピソードのように，日々の生活のなかで，季節の変化を感じている場面はたくさんあります。保育者は子どもが発する言葉にアンテナを張り，子どもの発見や言葉の裏にある思いに一つひとつ丁寧に応え，季節があることやその面白さや不思議さを子どもが感じられるようにしていくことが大切です。

　次は，冬の朝，発見と驚きの様子をとらえたエピソードです。

┃エピソード 3┃ 「先生！ 白いよ！」（5歳児）─────

　走って門を入ってきたユキコは，ハーっと息を手に吹きかけます。する
と白い煙のようなものが出てきました。「先生，白いよ？」「なんで？」と
話すたびに出る息も白いのです。ユキコは「しゃべっても白いよ！」と驚
きの表情で聞いてきました。「外の空気より，ユキコちゃんの息の方が温
かいのね。手にハーってすると，手が温かくなるでしょ」というと「ほん
とだ，あったかい」と言って，何度も何度も息を吹きかけては，出てくる
白い息を見ていました。

　人は太陽の陽射しに暑いと感じ，北風や雪に寒いと感じ，心地よい風に爽や
かな季節を感じます。季節の変化を肌で感じることで，心に残る体験となって
いきます。身のまわりで起きている何気ない変化に気づける保育者であるよう
五感を研ぎ澄まして過ごしていくことが大切です。

②　季節の自然物で遊ぶ

　季節によって，花や実，葉は姿を変えていきます。身近にある自然物を遊び
に取り入れることで，より身近に自然を感じることができ，遊びに広がりが生
まれます。ここでは自然物に触れて遊ぶ子どもたちの様子を見ていきましょ
う。

┃エピソード 4┃ 「あっ！ 音がする！」（3歳児）＜秋＞─────

　黄色や茶色，オレンジ色に染まった葉が，木々からゆらゆらと子どもた
ちに降ってきます。落ち葉を拾って手にいっぱいもっているハヤトは「ソ
レー！」と投げて雨のように降らせては喜びの声を上げています。「いっ
ぱい降ってくるよ」と拾い集めては空に向かって投げ，自分の身に舞い落
ちてくることを楽しんでいました。しばらくすると，落ち葉が溜まってい
るところを見つけ，そっと一歩足を踏み出すと「カサッ」と音がしまし
た。聞き逃さなかったハヤトは，もう一歩踏み込み「サクッ」。「あっ！ 音

がする！」と落ち葉の上で足踏みをして音が出ることを面白がっていました。それを見たアイとタカシも落ち葉の山のなかに入って，一緒になって足踏みしながら，葉の音に笑い声を上げていました。

秋は，毎日のように落ち葉が溜まります。いくら掃除しても次々に落ちてくるので，大人にとっては，どちらかというとうれしくないものです。しかし，子どもにとってはどうでしょうか。雨のように降らせることができたり，踏むと音が出たりする不思議で面白い遊びの1つになります。園庭の環境整備というと，ゴミだけでなく枯れ落ちた花びらも葉も枝も，何もかもきれいに掃除してしまいがちです。しかし，子どもたちの興味の種を奪っているとも考えられるのではないでしょうか。もちろん，安全衛生の面での整備は必要なことです。しかし，子どもはどんなものに，どんなタイミングで興味を示すかわかりません。「この時期にこんなことを経験してほしい」「こんなことに気づいてほしい」という保育者の願いをしっかりともち，自然とのかかわり方を考えていくことが大切です。

園だけでなく家のまわりにも季節を感じられる自然物はたくさんあります。次は，1人の子どもの発見からクラスみんなで季節を探しに出かけ，その後の遊びが発展したエピソードです。

エピソード 5 「ケーキを作るの！」（5歳児）

　レイが家から園に来る間の道でドングリを拾って登園してきました。「どこにあったの？」「いっぱいあった？」など，ドングリを見て子どもたちが興味を示したことから，その日はクラス全員で"ドングリ探し"に出かけることにしました。ドングリがある場所まではレイが案内役。たくさんのドングリを見つけるとユウコとキヨミが夢中になって拾っていました。散歩の帰り道，2人は「これでケーキをつくろうね」とうれしそうに話しながら帰ってきました。

　次の日，ユウコとキヨミは登園するとすぐに昨日拾ってきたドングリを砂場にもって行き，バケツで型をとった砂の上に飾りケーキ作りを始めました。手際よく手を動かしたり，少し考えるような仕草を見せたりしながら夢中になってケーキを作っていました。キヨミは，まわりに落ちている枝や葉も拾ってきて，「これも飾ろう」とユウコに手渡し，すてきな飾りがたくさんついたケーキが出来上がりました。2人は完成したケーキに満足そうな表情を見せていました。

　砂でケーキを作るのも，ドングリを拾うのもそれぞれが楽しい遊びです。そこからさらに遊びが発展していくように援助するのも保育者の役割です。

　遊びに必要と思われるものを子どもたちの近くにさり気なく置いておいたり，子ども同士が協力して探し出したり，困った時には保育者が一緒に考えていくこともあります。季節の自然物をうまく使って遊びが展開できるよう，保育者は子どもの行動や心の動きを予測し，自然物の置き方や場のつくり方などの環境づくりを工夫することが大切です。

　今回のエピソードは，登園途中にドングリを拾ってきた子どもがいたことをきっかけに，その日の保育を柔軟に組み立てていった保育者の対応もよかったと思います。今，興味・関心をもっていることに子どもが主となり案内する場面もあり，子ども主体の活動になっています。

```
・・・季節のものを使った遊び・・・
○オシロイバナで作るパラシュート
○種をフィルムケースに入れて楽器作り
○ドングリに楊枝をさしてドングリゴマ
○落ち葉を使ったアート
○サツマイモの蔓で作るリース
○花や草を入れて氷作り　　　などなど・・・
```

（2）自然物や自然現象とのかかわり

　私たちは，思いのままに操れないさまざまな自然事象に囲まれて生活しています。雨や風，雷などの天候，土や砂，水，石，川，空，月，そして気温の変化によってできる霜柱や氷など，たくさんのものがあります。

　ここでは，自然物や自然現象とのかかわりについて考えていくことにしましょう。

エピソード 6 「何だろう・・・？」（2歳児）

　テラスに並べて掛けてあるのは，ペットボトルで作ったバッグ。2歳児の子どもたちが園庭を探索する時に必ず首から提げているものです。

　天気のよい日にテラスに座り込み，じっと床を見つめているトオル。何をしているのかとそっと近づいてみると，太陽の光がペットボトルを通り，床にゆらゆらと映っていたのです。場所によっては虹のように色がついているところもあり，不思議そうに首をかしげながらじっと見ていました。トオルはペットボトルを動かして光の動きを見たり，床に映る光を踏んでみたり "何だろう？" と興味津々です。「ゆらゆらしているね」と言葉をかけるとニコッと笑って，またじっと光を見ていました。

　偶然起きた光の現象を発見し，じっと見つめる姿には好奇心が溢れています。まだ理解はできなくても，何で？　どうして？　とペットボトルを動かしたり，光を踏んでみようとしたりする2歳児なりの探究心が見られます。このように，自分で考え，試すということが "学びの芽" であると考えます。すぐに答えが出なくても，いろいろなことがわかるようになったときに「あの時のあの出来事が…」とつながっていく貴重な経験だったのではないでしょうか。

　次は，子どもが発見したことを自分たちで試そうとしたエピソードです。

エピソード 7 「氷を作るんだ！」（5歳児） ＜冬＞

　冬の朝，水たまりに氷が張っていたのを見つけたシンゴ。クラスの友だちに自分の発見を話すと，興味をもったタケルとキョウコもすぐに水たまりを見に行きました。3人が氷を手に戻ってくると，他の子どもたちも集まってきて大騒ぎになりました。

　朝の会で氷を発見したことや，なぜ氷ができたのかということが話題となり「みんなで氷を作ろう」という話になりました。子どもたちは氷ができる条件を調べ始め，置く場所は日陰がよく，気温が低くなる夜中から明け方にできることがわかりました。たらいを用意すると日陰になるところを探し，その日はたらいに水を張って帰りました。

　次の日，楽しみに登園してきましたが氷はできていません。友だち同士でどうしてできなかったのかを話したり調べたりして「水が多かったのではないか」という考えにまとまりました。その日は水を少しにして帰りました。翌日は早朝から子どもたちの歓声が聞こえてきました。自分たちで考えて作った氷に触れ，満足感でいっぱいの子どもたちでした。

　子どもは，なぜ？　どうして？　と心が動くと，調べてみよう，試してみようと主体的に動き出します。そうした時，保育者はすぐに正解を出さず，子どもたちの考えていることがイメージ通りにすすめられるように援助をしながら，一緒に試していくようにすることが大切です。答えを知らせることで失敗なくうまくいったとしても，心に残らずに過ぎてしまいます。失敗という経験も大事にしながら，「もっとこうすればよかった」「今度はこうしよう」と次への意欲につながるように援助することが必要です。こうした積み重ねで，失敗してもあきらめずに次に向かう気持ちが培われていくのだと思います。

　このエピソードには続きがあります。たらいの横には，「こおりをつくっています。さわらないでください」と，小さいクラスの子どもたち宛に覚えたばかりのひらがなで一生懸命に書かれた手紙が貼ってありました。これは，小さい子どもたちに意地悪をしているのではありません。これまでの経験から，小

さい子どもたちも触りたくなることを知っているからこそ，「何としても作りたい」という思いを伝えるために子どもたちが考え出したことでした。氷ができて喜ぶ5歳児の姿の横には，小さいクラスの子どもたちの笑顔もありました。

（3）季節の収穫物とのかかわり

　今は季節に関係なく，スーパーに行けば1年中，同じ野菜や果物を目にすることができる時代です。しかし，食物には「旬」があることを日々の生活のなかで子どもたちに知ってほしいと思います。毎日食べている食材が，いつ，どのように生長していくのかを体験すると同時に，世話をすることの大変さと生長を期待しながら待つ楽しさがあることにも気づいてほしいと思います。自らが育てたものを収穫し食することができた時には感動もさらに大きくなるはずです。

　初めての栽培体験で，生長を心待ちにしている様子を見てみましょう。

エピソード 8 「おひさまが大好きなんだって」（3歳児）

　5月の連休明け，夏野菜の苗を子どもたちと一緒に植えました。

　子どもたちに「おひさまが大好きで，夏になると大きくなって食べられるものになります」と話をすると，「にんじんかな」「たまねぎかな」と，季節に関係なく知っている野菜の名前をあげていました。「毎日お水をあげて，大きくなったらみんなで食べようね」という保育者の言葉に子どもたちは，生長を楽しみに水やりを毎日していました。

　ある朝，ケンタが「先生！ 黄色い花がさいた！」「こっちは紫色の花！」と花が咲いたことを喜んで知らせてきます。「本当ね，何ができるのか楽しみね」と期待がさらに膨らんでいきました。

　数日後，「ちっちゃい緑色がクニュってなってるよ！」「キュウリだ！」と毎日気にかけていたケンタが気づきました。「そっと触ってみる？」と言うと，ケンタは触って「緑のはチクチクする！」と言いました。発見したことがうれしくて，みんなに「緑のキュウリ，チクチクするよ」と知ら

せていました。

　ケンタは，「おひさまが大好きだから，大きくなったんだね」とキュウリに話しかけていました。

　このエピソードで，3歳の子どもがキュウリは夏の野菜だと理解することは難しいかもしれません。しかし，太陽をたくさん浴びて大きくなったこと，自分たちが暑いなか，水やりをしたことなど，いろいろな記憶や情報を組み合わせ「夏の野菜」ということがわかってくるのだと思います。

　次は，同じ3歳児がキュウリと一緒に育てたナスを収穫した時のエピソードです。

エピソード 9　「自分たちで育てたナスは食べられるよ！」（3歳児）

　夏野菜を植えた3歳児のぱんだ組。半分は水遊びになりながらも，自分たちのプランターに水やりを毎日続けていました。「このナス，大きくなったね」「そろそろ採った方がいいかな」と子どもたちと相談し，いよいよ収穫することになりました。収穫したナスを覗き込んでいたアキラが「園長先生にもっていく」と数名の子どもたちと一緒に，カゴに入れたナスを園長室にもっていきました。園長先生が「おいしそうなナスですね。給食室で調理してもらって食べましょうね」と言うと，アキラは「おうちのナスは食べないけど，保育園のナスは食べる！」と屈託のない笑顔で言いました。さらに「ぱんだ組さんが育ててくれたんだもの。きっとおいしいと思いますよ」と言う言葉に「おうちのと味が違うから食べられる！」とうれしそうに話していました。

　栽培体験を通して，自分たちが育てたという思いが強く愛着もでてきます。自分で作ったものはおいしいという思いも重なり，苦手なものも少し口にしてみようという気持ちが出てくることも予想できるでしょう。アキラの「おうち

のナスは食べないけど，保育園のナスは食べる！」という言葉は，その思いから出た言葉であると考えられます。栽培体験が成功だったと思わせてくれる一言でした。このような収穫物で季節を感じたり生長する過程を見たりすることは，食への関心が深まるきっかけとなる体験でもあると考えています。

第2節　植物に親しむ

　私たちの生活のなかでは四季折々の植物たちが，目を楽しませ心を癒してくれます。園生活のなかでも花や野菜の栽培活動を体験できるような環境づくりをしている園も多いでしょう。さまざまな植物とのかかわりを通して生長を楽しみながら，子どもたちはどのようなことに気づき，感じ，何を学んでいるのかを考えていきましょう。

（1）植物の栽培
①　草花を育てる
　歌でもなじみのあるチューリップや色水遊びの材料にもなるアサガオ，夏の定番であるヒマワリなど子どもたちがよく知っている花を栽培する園も多いと思います。栽培というと水やりをしたり，観察記録を書いたりということに目がいきがちですが，植物の球根や種を観たり，実際に触ったりする経験も大切にしていきたいものです。球根の大きさや形を見たり，指でつまむのも大変なほどの小さな種に驚いたりしながら，どんな花がどんな風に咲くのか，どんな色なのか，どんな形なのかと興味・関心を広げてほしいと願っています。また，土を触る経験も最近では少なくなっていますが，土の感触や匂いを栽培活動のなかで感じてほしいと思います。しかしながら，広い花壇を確保することが難しい園もあるでしょう。そうした場合は，プランターを活用し，子どもたちと一緒に土入れをしたり，種まきをしたりして，草花を身近に感じられる環境づくりをしていきましょう。

　では，種まきを経験した子どもたちが，期待に胸をふくらませているエピソードを見てみましょう。

┌───┐

エピソード 10 「私がまいた種」その1（5歳児）

　昨年の5歳児が育てたアサガオから採れた種を引き継ぎ，今年の5歳児がプランターで育てることにしました。種はガラス瓶に入っていて，子どもたちがいつでも手に取れる高さの棚に置かれているので，子どもたちはガラス瓶を時々手にとっては種まきを楽しみにしていました。

　種まきの日，一人ひとりの手のひらに配られた種をじっと見て「小さいね，とんでっちゃうよ」とミサトが言うと，「1つずつつまむのが難しいね」とナオミも種を見つめながら会話をしていました。プランター前でどのようにまくのか説明を聞き，小さな種を穴のなかに入れ優しく土をかけました。「早くおおきくなるといいな」「何色の花が咲くかな？」と話しながら，ユウコとナオミはしばらくプランターのまわりを歩いていました。

└───┘

　いつでも届くところにあった種を見て，いつ種まきをするのか心待ちにしていたことがうかがえます。実際に手にとった種の小ささに驚きながら，優しく土をかける姿に無事に大きくなってほしいという願いが感じられます。

　続いてその日の夕方のエピソードです。

┌───┐

エピソード 11 「私がまいた種」その2（5歳児）

　朝顔の種をまいた日の夕方，「このプランターにはどんな花が咲くのかしら？」と迎えに来た保護者が同じクラスのリョウイチに声をかけてきました。その言葉を聞いてハッとしたミサトは「ナオちゃん，"あさがお"って看板作らなきゃ！」とナオミを誘いに行きました。「そうだね，何が出てくるのかわからないもんね！」と，すぐに教材置き場から画用紙と割り箸を出してきました。画用紙に「あさがお」という文字と，絵本を見な

がらアサガオの絵を描きました。画用紙の裏に割り箸をセロテープでつけると，急いでプランターの端にさしました。「これで大丈夫，みんながわかるね！」「『わたしたちが育ててます！』って書いちゃう？」と笑って見ていました。

　ここでは，自分たちでまいた種をまわりの人たちも気にかけてくれていることに気づき，もっと知ってほしいという気持ちが出てきているのがわかります。まわりの人たちの期待に応えようとする思いと，自分たちで育てるんだという前向きな気持ちが，自主的な行動力を起こしたと考えられます。

　土に触れることの少ない子どもたちに，土作りという活動を一緒に行うことになり，子どもが土に初めて触れた時のエピソードを紹介します。

エピソード 12 「えっ⁉ つめたいよ！」（4歳児）

　プランターにミニヒマワリの種を植えることになり，保育者が朝からビニールシートの上に「土」を広げていました。登園しながら横目で見ていたシンヤは，「種を植える土をつくるんでしょ！」と，すぐにでも始めたいという表情で保育者に聞いてきました。「そうだね，みんなで土づくりしようね」と応え，保育者が手で土を混ぜ始めると，シンヤもまねをして土のなかに両手を入れました。「えっ⁉ この土つめたいよ」と言うと，「ねえねえ，つめたいよ！」と近くの友だちに向かって声をかけました。その声にジュンも一緒に土を触って「ひぇーつめたいぞ！」と歓声を上げました。後から来たクミとキョウコは，土に触れることに躊躇しながら指先でちょっとだけつまむと匂いをかいでみました。「なんか葉っぱのにおい？」「ん〜，ダンゴムシのにおい？」と２人で顔を見合わせて笑い，少しだけ土に触って「つめたいね」と共感していました。

　砂場とは違う「土」に初めて触れた感想を，素直な言葉で表現しています。

虫が苦手だったり，汚れることを嫌がったりする子どももいると思いますが，少しでも触れることができると新しい発見をすることができます。

　また，プランターに入れるために土を広げると，見たことのない虫とも遭遇します。子どもたちはその虫に夢中になり，土作りどころではなくなることもあります。しかし，その発見が子どもの心を揺さぶり，土のなかに生きる生き物をもっと知りたいという好奇心につながることも忘れてはいけません。

　次は，子どもの観察力のすごさに驚かされたエピソードです。

エピソード 13　「ザラザラしてる…」（4歳児）

　　プランターにはさまざまな植物が育ち，子どもの背の高さ以上に育っていました。そのプランターが迷路のように並んでいるところに消極的なハルカが1人で立っています。近づいていくと，「せんせい，ザラザラしてる」と葉を触りながらポツリとつぶやくハルカ。保育者がその葉を触って「ほんとうだ，ザラザラしてるね」と返すと，今度は別の葉を触り「こっちはね，ツルツルしてるの」と小さい声でしたがしっかりと感じたままのことを伝えてくれました。プランターで生長している葉に興味をもったハルカは，葉の感触の違いに気づき，いろいろな葉を触って比べていたのでした。

　目の前でどんどん大きくなっていく植物を，ただ"大きくなった"と思うだけでなく，葉の色や形，触ったときの感触の違いにも気づいているすてきな場面です。このように"触れてみたい""よく観てみたい"という気持ちをもってほしいと願う時には，植物に自由に触れることのできる場づくりや，いくつかの植物を観察したり，比べたりできるような環境の工夫が必要です。また，子どもの気づきを絵にして貼り出したり，友だちに知らせる時間をつくったりすることで，同じように感じたり，不思議に思っている友だちがいることを知ることができます。同時に，伝えることの楽しさや伝わるうれしさを感じることもでき，ますます探求していこうという気持ちも膨らんでいくことでしょう。

② **野菜を育てる**

　季節に応じたものを選べば1年を通して栽培体験をすることができます。園では水やりが遊びになってもよい時期や，苗植えから実がなるまでの期間を考えると，夏野菜や丈夫なサツマイモの栽培などが取り組みやすいと思います。

エピソード 14 「ハツカでできるダイコン？」（4歳児）

　二十日大根（ラディッシュ）の種まきをした4歳児のトモ。「ハツカって『20にち』のことなんだって，『すぐにできるよ』ってことなんだって」と毎日プランターを見ながら楽しみにしていました。

　すぐに芽が出て，青々とした葉とピンク色の根っこを見ると，トモは待ってましたとばかりに「できた！　できた！」と保育者に知らせました。子どもたちが見守るなかでそっと引き抜くと，小さくて赤い大根に，子どもたちは歓声を上げていました。

　二十日大根など生長が早いものは，初めての栽培には適していると思います。子どもたちが気持ちをつないでいられる時間は年齢によって異なりますので，子どもたちの状況に応じて栽培物を選ぶことも大切です。

　野菜は食する楽しみがありますが，その他にも野菜とのかかわり方はたくさんあります。次のエピソードを見てみましょう。

エピソード 15 「こんな形なんだ～」（3歳児）

　休み明けにプランターを見てみると，収穫時期を逃しピーマンの色が変わって食べられなくなっていました。それに気づいたタツヤが「もう食べられないね」と残念そうです。「食べられないけど，せっかく大きくなったから，一緒に遊んでもらおう！」と保育者はスタンプ遊びの準備を始めました。

　ピーマンを半分に切り，切り口に絵の具をつけて画用紙に押すと，「ぼくもやりたい！」とタツヤやモモコがスタンプ遊びを始めました。ピーマ

ンのスタンプ画は「ぼくたち，私たちのピーマン」という文字と一緒に壁
に飾られています。

　食べるほど大きくならないものや，虫に食われてしまうものも出てくるのが
自然界です。捨ててしまう前に子どもたちとつながりがもてるようなことを考え
たいものです。何よりも"大切に育てた"という子どもたちの思いをむだにしな
いためにも必要なことだと思います。同時に，野菜の形や中身がどうなってい
るのかを実際に見る機会にもなります。有効な使い方を考えていきましょう。

　次は，イチゴの栽培を通して，小さな子どもの心の葛藤と異年齢のかかわり
を考えていきましょう。

エピソード 16 「とりたいの？」（1歳児・4歳児）

　昨年から続けて育てているイチゴが赤くなり始めました。毎年5歳児が
イチゴジャムを作り，3・4歳児に振る舞ってくれています。
　園庭で遊んでいた1歳児のコウは，赤くなったイチゴの実を見つけると
プチッと取ってしまいました。その様子を見ていた4歳児のリョウタが，
さっとコウのところに来て「これはね，ぞう組さんがジャムを作ってくれ
るんだよ。だからとっちゃだめなんだよ」と優しく諭すように言い聞かせ
ていました。何もわからずキョトンとしているコウに，「これならいいよ」
とリョウタは別の小さい実を手渡して，その場を離れていきました。

　色づくものは誰の目にもつきやすく興味をひくものです。手にしたいという
思いは年齢に関係なく誰もが同じです。実はリョウタも少し前に，赤いイチゴ
を取ってしまい，5歳児のお兄さんに同じように教えられた経験があったので
す。その時，お兄さんが代わりに白い小さな実をくれて，「イチゴじゃないけ
どうれしい」と感じた経験があったので，コウに対しても同じような行動をし
たと考えられます。

　保育園にはさまざまな年齢の子どもたちがいます。年長児の姿に憧れ，まねをしたり一緒になって後をついていったりしながら，さまざまなことを身につけていきます。リョウタもお兄さんに教えられたことを，自分より小さい子に教えてあげようと思った姿は何とも可愛らしいと感じます。

　日に日に大きくなっていく植物が目の前にあれば触ってみたくなるのは当然のことです。力の加減がわからない乳児は，葉や実を取ってしまうこともあるでしょう。時には植物を痛めてしまうような行動もあるかもしれません。でも，その行動の裏にある"不思議"という思いは大切にしていきたいものです。自然とのかかわりのなかで子どもたちが教え合ったりまねしたりする機会は大切な場です。自然を介した子ども同士のかかわりのなかで大きい子は伝え方を考えたり，小さい子は小さい子なりに感じることがあったり，子どもたちはたくさんのことを学んでいるのです。

（2）好奇心と探究心の育ち
①　調べる

　草花や野菜等の栽培体験を通して，土のなかにいる見たことのない虫との出会いや，種から葉に変化する不思議，色や形，大きさや香りの違いなど，たくさんの発見と気づきがあります。自分たちが手を掛けたり心を寄せたりしているものが，日ごとに変化していく様子を見ることができると愛着が湧くと同時に，そのものへの興味・関心が広がっていきます。そしてもっと知りたいという好奇心を抱くようになります。その時がチャンスです。子どもが知りたいと思っている時に調べられるモノと十分な時間があると子どもたちは主体的に活動していきます。

　まずは，道具を使うことが楽しいと感じているエピソードです。

エピソード 17 「虫メガネだと，よ〜く見えるよ！」（4歳児）

　「この花，なんていう名前の花かなぁ？」と小さい黄色い花をリョウカがじっと見ていました。「なんていう花だろうね」と保育者も一緒に首をかしげながら見ていると，コウスケが「この花はオシロイバナだよ！　図鑑で見たよ」と教えてくれました。リョウカは「私も見てこよう！」と言って保育室に行くとポケット図鑑と虫メガネを手に園庭に戻ってきました。そこには，クルミとヤエも一緒で，みんな虫メガネをもっています。図鑑と虫メガネを交互に見ながら「ほんとうだ，本のオシロイバナとおんなじ！」と会話が弾み，園庭にある花を次々に虫メガネで見ながら調べて歩いていました。

　このエピソードの少し前から，保育室に虫メガネとポケット図鑑が用意されていました。子どもたちがどんなことに興味をもっているのかをとらえ，保育者が準備しておいたものでした。子どもが今，どのようなことに興味をもっているのかを察知し，子どもの行動を予測して教材準備をしておくことが大切です。また，子どもの"今，知りたい"という思いが，すぐに実現できるように，虫メガネや植物図鑑，絵本などが，見たい時にすぐ手に届くところにあることで，子どもの気持ちが切れずに継続され，さらに興味・関心が深まっていくと考えます。

　次は1つの出来事から，子どもたちがいろいろなことを考え，調べたり予想したりしているエピソードです。

エピソード 18 「だれが食べちゃったの!?」（5歳児）

　子どもたちが大切に育ててきたイチゴ。実が徐々に赤くなり，子どもたちは摘んで食べる日が来ることを楽しみにしていました。そんなある日，水をやりにいったマホがすごい勢いで保育室に戻ってきました。「赤いイチゴが食べられてる!!」と叫ぶと，保育室にいたナオキ，ケンジ，アヤノ，

コウイチがイチゴのところに走って見に行きました。「だれがとったの？」「赤ちゃん組なんじゃない！」「カラスかなあ？」「でも，かじった後があるよ」と，イチゴを見ながら口々に自分の思いや考えを言っています。怒っているというよりは，探偵になったような感じで，友だちの意見に耳を傾けています。

　しばらくすると，「このかじった跡は歯がある動物ではないか…」と考え始めました。ナオキが「イチゴを食べる動物って…？」と言うと，ケンジとコウイチが図鑑を出して調べ始めました。残っているイチゴを見ては「カラスじゃないか」「犬じゃないか」と話をしているうちに，「この前，ハクビシンが出たって，お父さんが言ってた」とコウイチ。「ハクビシンって何？」と聞かれたコウイチは，「ネコみたいだけど，しっぽが長いんだって！」と話したことをきっかけにハクビシンをいくつもの図鑑で調べ，最終的に "ハクビシンが食べた" ということになりました。

　本当のところは，イチゴを食べてしまったのが何者なのかはわかりませんが，朝から昼近くまで子どもたちは真剣に話し合ったり，保育者に聞いたり，図鑑や絵本を調べて考えていました。そのなかでは，動物の好きな食べ物や生息地など，さまざまなことに触れていました。「大切なイチゴが食べられた！」という出来事で子どもたちの心が動き，"もっと知りたい" "探してみたい" という探究心が動き出したということが大事であり，そのことに没頭できる時間があったからこそ，内容も深まり子どもたちの心も充実した時間となったのです。

②　考えて試してみる

　次は，子どもなりに考えたり試したりしている面白いエピソードです。この園ではアサガオの花がきれいに咲いている時は見て楽しみ，色水をつくるのは枯れた花にしようという約束がありました。

┌───┐
エピソード 19 **「枯れたアサガオの花がほしい！」（5歳児）**

　築山とプランターをネットでつないだ，アサガオのトンネルがあります。レイカはアサガオのトンネルの下で，何やら難しい顔をしていました。レイカと数人の子どもたちは，ここ数日アサガオの花を使って色水遊びを楽しんでいました。今日も色水を作ろうと，ビニール袋に水を入れて朝顔のトンネルの下に来てみましたが，手の届くところに枯れた花は見つかりません。やっと少し高いところに見つけたレイカは，一生懸命に背伸びをしてみるのですが届かず，バケツを逆さにして乗ってみました。しかし，まだ足りずに届きません。どうしようかと考えて，背の高い保育者にとってほしいと頼みました。保育者は1つ取ることができましたが，「これ以上は届かないな〜どうしたらとれるかな？」とレイカに言いました。

　ずっと上のほうにある枯れた花を，どうしても手にしたいレイカは，ぐるりと見回し「そうだ！」と築山を登り始めます。頂上に着くとアサガオのトンネルが下に見え，見上げていて手が届かなかった花にも思い切り伸ばしたら届いたのです。「とれた！」という喜びがレイカの笑顔から溢れていました。
└───┘

　どうすれば自分の思いを実現できるのかを，必死で考え思いついたのです。"困った""どうしよう"と思うと同時に，どうしても実現させたいと強く思うことから，自分で考えたり試そうとしたりする力が出てくるのです。こうした場面にぶつかったときに，これまでの経験が生きてきます。自分で考えていろいろと試し，失敗も成功も経験をしてきた子どもは，この方法はどうか？　こっちの方法はどうか？　とイメージを膨らませることができます。園生活のなかでも，自分で考えたり工夫したりする場面を意図的・計画的につくり，経験を積み重ねることが必要だと考えます。

（3）友だちとの協力と異年齢からの学び

① みんなで力を合わせれば

　植物は水をやらなければ枯れてしまいます。草むしりをしなければ大きく育つこともできません。こうした世話を毎日することは子どもにとってとても大変なことです。初めは，興味があって毎日の水やりも楽しく行っているのですが，目新しい遊びや他に興味を引くものが出てくれば，忘れてしまうこともあるでしょう。水が足りずに枯れてしまう経験も大切にしたいものです。保育者が手助けしながらも，枯れそうになったり，実際に枯れてしまったりした時には，どうすれば花や実をつけるまで育てることができるのかを子どもと一緒に考え合うチャンスです。

　これは，みんなで育てていたはずの花が枯れてしまった時の，子どもたちの話し合いです。

> **エピソード 20** 「どうすればいいのかな」（5 歳児）
>
> 　「どうして花が枯れちゃったのかな？」との問いで，子どもたちは自分たちの思いを話し始めました。
> 子「花のこと忘れてた」
> 　「ユウちゃんがいつもあげてたから大丈夫だと思った」
> 保「誰かが世話をしてくれていれば花は咲いたのかな？」
> 子「ユウちゃんが休みの時，水をあげないと枯れちゃう」
> 　「私もあげてたけど，やらないときもあった」
> 　「1 人では大変だと思う」
> 　「ぼくなら，誰か手伝って！ って思う」
> 保「じゃあ，大きくなって花を咲かせてくれるにはどうすればいいと思う？」
> 子「みんなで水をあげる」
> 　「みんなであげると，水のあげすぎになっちゃうよ」

「じゃあ順番を決めればいいんじゃない」

「当番表に入れればいいんじゃない」

「当番が忘れてたら？」

「忘れてたら『当番忘れてるよ！』って教えてあげる」

　その日から当番表に「水やり当番」が加わり，きれいな花をクラスのみんなで見ることができました。

　この話し合いでは，1人では大変だけど，同じ思いをもった友だちと協力すればできるのではないかということを子どもたちは感じ，当番という活動に加えました。当番という役割に責任をもって活動することも1つの方法です。こうした活動を通して，大変なことでも友だちと力を合わせればできるということを実感し学んでほしいと思います。

② お兄さんお姉さんへの憧れ

　小さい子どもには，世話をすることの意味は理解できません。しかし，大きいクラスの子どもたちが一生懸命に水やりをする姿を見てまねするようになります。小さい子どもたちにとって，お兄さんお姉さんは憧れでもあり，同じことをしてみたいと，いつも思って見ているのです。

　その様子がわかるエピソードで，考えてみましょう。

エピソード 21 「わたしも　あげたいな」（2歳児）

　小さいコップに水を入れて，そのコップから目を離さず真剣な表情で，ゆっくりゆっくり歩くリホ。その先にはミニヒマワリのプランターがあります。

　朝，5歳児の子どもたちがジョウロでミニヒマワリに水やりをしている姿を，滑り台の上からリホはじっと見ていました。5歳児の水やりが終わると滑り台から降りてきたリホは，水遊び用に溜めてあったたらいの水を，自分のお気に入りのコップですくい，ミニヒマワリに向かって歩き始

めました。その水をヒマワリにあげようと思ったのです。ミニヒマワリの前
に着いたときには，コップのなかの水は大分減っていましたが，ヒマワリに
水をかけると満足そうな顔で，またたらいに向かって走って行きました。

　難しいことはわからなくても，2歳児でも大事に育てれば花が咲く，実がな
るということは感じ学んでいると思います。誰かに教えられたわけでもなく，
やりなさいと言われたわけでもないのですが，お兄さんお姉さんの姿を見て，
自分から「やってみたい！」と思った時の真剣さと継続する力には驚かされま
した。この様子を少し離れたところから見ていた保育者は，ジョウロの方がい
いのでは・・・と思いながらも，真剣な表情で水を運ぶ姿が微笑ましく「がん
ばれ！」と応援していたそうです。担任の話によると，あのコップはリホのお
気に入りでいつも使っているのだということです。"大好きなコップで水をあ
げるんだ"という，リホなりの思いがあったのではないかと感じました。
　植物に親しむなかで学ぶことはたくさんあります。保育者は子どもが今，何
に興味をもっているのか，不思議に思っているのかを敏感に感じ取ることが大
切です。そして，不思議に感じたり疑問に思っていることに，保育者がすぐに
答えを出すのではなく一緒に考えたり，自分で調べたり，誰かに聞きに行くと
いう行動に移せるようになることも，育ってほしい大切な姿だと考えていま
す。

第3節　生き物に親しむ

（1）身近にいる小さな生き物との出会い
　園庭にいるアリやダンゴムシ，雨の季節に姿を見せてくれるカタツムリやカ
エルなどは，子どもにとって初めてかかわる生き物といってもいいでしょう。
「動いている」から「生きている」ということがわかるのであり，また，動く
スピードもそれほど速くないため，小さな子どもにも捕まえることができ興味
の対象となります。

　春の園庭では，ダンゴムシ探しに夢中になる子どもたちの姿が，あちらこちらで見られます。

エピソード 22 「おーい！ ダンゴムシ！ でておいでー！」（2歳児）

　2歳児の子どもたちはダンゴムシに夢中です。毎日花壇の隅に集まり，頭を寄せ合ってダンゴムシ探しをしていました。大きいクラスの子どもたちが花壇のまわりを探している様子を見てまねして探しているのです。「ダンゴムシいるかなぁ？」と一緒に探しながら声をかけると，「いないの」とアオイ。隣にいたリンタロウは，まわりの声など耳に入らないようで草の間から目を離すことなくダンゴムシを探しています。

　「なかなか見つからないねぇ」と言うと，「ダンゴムシ！ でておいで〜！」と花壇に向かって何度も何度も呼びかけていました。

　興味をもつと，何時間でもダンゴムシ探しを続ける子どもたちの姿を見ることがあるでしょう。「ここにいるよ」と教えたくなりますが，子どもがどんな行動をとるのかしばらく観ていたいものです。どんな思いでいるのか，どんなことを考えているのか，子どもなりに試したり，他の子どものしていることをまねしてみたりいろいろと考えて動いています。その様子を見てからでも，答えやヒントを出すのは間に合うでしょう。その間に，自分で見つけることができれば「自分で見つけた！」という喜びと自信につながります。そのために保育者はどのような言葉をどのようなタイミングで子どもにかけるのかを大事に考える必要があると思います。

　次はどのようなことで，子どもたちが愛着をもち親しみを感じ始めるのか，エピソードから考えてみましょう。

エピソード 23 「あおちゃん1号」（4歳児）

　ちょうちょが卵を産みつけられるように植えたキャベツのプランターを「ちょうちょランド」と名づけ，子どもたちが時々キャベツの葉を観察しています。ある日「あおむしがいたよ！」とユズとユミが発見しましたが，2人は少々怖いようで触ることはできませんでした。虫が大好きなコウスケが飼育箱を手に走ってきて，キャベツの葉と一緒にあおむしを飼育箱に入れて保育室まで運んで行きました。

　みんなであおむしを見ながら「ちょうちょになるんだよね」「どんな羽かなあ」と話していると，ユズが「ねえ，あおむしに名前をつけようよ」と言い，ユミもコウスケも賛成しました。

　ユズが「あおちゃんがいいかな」と言うと，コウスケが「あおちゃん1号！ がいいよ，だって，一番最初に見つけたから！」と言いました。ユズもユミも「いいねえ！」と言って，あおちゃん1号をいつまでも見ていました。

　その後，子どもたちはあおむしを見に行くたびに「あおちゃん1号！」と声をかけていました。ただの「あおむし」ではなく，「あおちゃん1号」と名前をつけることでより身近な生き物として愛おしいという気持ちが生まれたのでしょう。親しみを感じてほしいと願うときには，子どもたちと一緒に名前を考えることも1つの方法であり楽しい時間にもなるでしょう。

（2）心のよりどころとなる小動物

　集団生活になじめなかったり，友だちとうまくかかわれなかったりする子どもがいます。そんな時，子どもの心の不安を和ませてくれたり，居場所となったりすることもあるのが小動物です。不安で泣いてしまう子も，うさぎやモルモットのところに行くと泣かずに過ごすこともよくあります。

　これは，子どもにとって小動物が安心できる場所となっていることがわかるエピソードです。

エピソード 24 「ぴょんちゃん」（3歳児）──────

　4月に入園してきたタロウは，園の生活に慣れるのに少し時間がかかっていました。保育者の隣をついて歩いていることが多く，家のことを思い出して涙がこぼれることもありました。

　ある日，飼っているうさぎのゲージのそばを通りかかると，一緒について歩いてきたタロウが立ち止まってじっと見ています。保育者が「ぴょんちゃんっていうんだよ」とタロウに向かって声をかけましたが，特に表情を変えることもなく保育室に戻りました。

　次の日，前日と変わらず保育者の隣から離れずにいたタロウが，自分から保育者の手を引きうさぎのゲージ前まで歩いていきました。ゲージの前に着くと手を離し，しゃがんでうさぎのぴょんちゃんを見ているのです。この日は一度も泣かずに過ごすことができました。

　その日をきっかけに，毎日うさぎのところに行くようになったタロウ。次第に笑顔も見られるようになり「ぴょんちゃん，かわいいね」と話をするようになりました。

　不安な時には，安心できる人や場所があることは子どもにとって本当に大切です。小動物はそうした子どもの心をホッとさせてくれるものでもあります。

　まわりの子どもにとっても小動物の存在は心を和ませてくれるものです。つまり，小動物そのものだけでなく小動物がいる場所が子どもたちをつなげるきっかけになることも覚えておきましょう。

　これは，カメがいる場所で友だちとつながりがもてるようになったエピソードです。

エピソード 25 「カメ見に行こうか！」（４歳児）

　自分から友だちに話しかけたりすることはなく，どちらかといえば消極的なタカシ。5歳児がグループごとに飼っているカメの水槽が廊下に並んでいたので，「カメを見に行こうか」と保育者がタカシを誘って見にいきました。「おじいちゃん家にいるよ」と小さい声でつぶやいたので「へ～おじいちゃん家にもカメいるんだ」と返すと，それを聞いていたユウジが寄ってきて，「ぼくん家にも，カメがいるんだよ」とタカシに声をかけました。タカシは「川にいてね…網でおじいちゃんがね…とったんだよ」とポツリポツリと話し始めました。ユウジも「家にはね，大きいのもいるんだよ」とカメの前で話が続きました。

　気がつくといつの間にかコウタやリンも加わり，カメの話で盛り上がっていました。その日をきっかけにタカシは友だちと一緒に遊ぶ姿が見られるようになりました。

　最近ではアレルギーをもつ子どもも多く，小動物（毛モノ）を飼うことが難しくなっています。小動物が難しくても，代わりにザリガニやカブトムシ，クワガタなどを飼育する機会をつくり，直接触れたり餌をやったり飼育箱を掃除したりということを経験させたいものです。その経験のなかで，生きているものの「死」ということも体験し命の尊さを知る場にもなっていきます。

（3）命の尊さを理解するために

　生き物には命が宿っています。園のどこかに必ずいるダンゴムシやアリにも命があります。しかし，子どもたちはそのことに気づいていないことが多いのです。

　ダンゴムシを探し回る時期は，友だちより多く見つけたい一心で競って探していますが，見つけたダンゴムシは時間が経つと忘れられて，園庭の隅のコップのなかで乾いてしまっていることも多いです。ダンゴムシやアリなどはたくさんいるので，1匹くらいつぶれてしまっても，すぐに見つけることができる

し，死んでしまうということも，実はわかっていないこともあるのではないか
と思います。

　次のエピソードから考えてみましょう。

┌─ エピソード 26 「アリと遊んでるの」（2歳児）─────────────
│
│　トモキがアリの巣を見つけました。たくさんのアリが穴から出てきたり
│なかに入ったりしています。アリの行列が出てくると手で捕まえようとす
│るのですが，なかなか捕まえられません。何度かチャレンジしましたが捕
│まえられず，最後には足で踏みつけていました。動かなくなったアリをバ
│ケツに入れて，「アリ捕まえたよ」と保育者に見せにくるトモキでした。
└──

　まだ，「生命」というものがわからない年齢では，このようなことがよく見
られます。こうした場面では，「アリさん，痛いっていってるね」「動けなくな
っちゃってかわいそうだね」と，命について触れていくことも必要なことだと
感じます。こうしたことを繰り返すなかで，「生きているもの」に気づき，少
しずつ「命」について感じ理解していくのだと思います。

　では，ザリガニの「死」に直面して，「生命」というものに触れたエピソー
ドから考えてみましょう。

┌─ エピソード 27 「どうして動かなくなったの？」（5歳児）──────────
│
│　リョウスケが公園の沼で釣ってきたザリガニを園にもってきてくれまし
│た。早速クラスで飼うことになりました。毎日水を取り替えたり，石を洗
│ったり，我も我もと争って世話をしています。ハルが飼育ケースからザリ
│ガニを出し，水道の流しで歩かせていました。ケンタも加わると壺のなか
│にザリガニを入れたり出したりしてしばらく遊んでいました。「あら？　掃
│除をしているんじゃないの？」と保育者が声をかけると，「掃除してるよ，

その間，運動させてるの」と悪びれる様子はありません。30 分以上続いているので，「そろそろザリガニは疲れたんじゃないかなぁ」と声をかけると，この日はしぶしぶ飼育ケースに戻していました。

　このようなことが毎日続いたある日，ザリガニが動かなくなっていました。

　「あれ，ザリガニ動かないね」「いつも動いてたのに」「さわったら変だよ」とやり取りを繰り返していました。「どうして動かなくなったの？」「しんじゃったのかな？」と子どもたちの表情が曇っていきました。

　ザリガニの水を取り替える時，ザリガニをもち上げたり必要以上に動かしたりと，世話をするというよりも遊びの 1 つになっていることも多いのではないでしょうか。ザリガニにはかわいそうなことをしてしまいましたが，保育者はこうなってしまうことを予想していました。しかし，「死」というものに直面する実体験をしなければ，子どもたちが「生命」について考えることは難しいと考え，ザリガニの死をむだにしないように，「どうすれば死なないのか」子どもたちと考え話し合いました。

　生まれてくる命，消えていく命があることをどのような形で子どもたちと体験していくかはとても重要なことです。

　生き物とのかかわりのなかで，どんなものにも生命があり，一生懸命に生きているということを繰り返し知らせ，命の尊さをそれぞれの年齢なりに知る機会を大切にしていきたいと思います。

第3章　確認問題

次の文章が正しければ○を，誤っていたら×を記入しましょう。

1．子どもたちが「なぜ？」「どうして？」と思った時に，すぐに調べられる
　　図鑑や本を，子どもたちの手の届くところに用意しておくとよい。

2．落ち葉や枝などは遊びの妨げになるため，きれいに掃除したほうがよい。

3．植物は大切に育てなければならないため，触ったり近くで遊んだりしない
　　ようにするとよい。

4．小動物を飼育する際には，名前をつけて世話をするとより親しみがわいてくる。

5．栽培活動は，育つ過程を知ることや，食べ物の「旬」を知る機会にもなっている。

コラム　飼育とアレルギー
Column

　園内に小動物がいることで，心が和んだり友だちとのコミュニケーションツール
になったりと良いことはたくさんあります。しかし，近年ではアレルギー体質の子
どもも増え，特に毛モノの動物を飼うことは難しくなっています。

　入園前に，アレルギーの有無を確認すると，ネコ・犬・鳥などに反応し，散歩の
ときにも近づけないでほしいといった要望があったり，園で飼うことだけでなく，
遠足の目的地を探す際にも，ふれあい動物園があるようなところは避けるようにし
たりするなど配慮している状況があります。

　小動物がいる環境は，子どもの不安な心を癒してくれたり，小さいものや弱いも
のに優しくすることの必要性を感じたりしながら，命について考えるきっかけにも
なります。

　そこで，よく園で飼育されているザリガニ，カブトムシの幼虫，メダカ，カメ，
アオムシ，カタツムリなど，身近な生き物と一緒に生活するのも１つの方法ではな
いでしょうか。

☆ザ リ ガ ニ・・・飼育ケースをきれいに洗ったり餌を与えたりしながら，脱皮す
　　　　　　　　　る様子を観察することができます。

☆カタツムリ・・・カタツムリが歩いた跡を追ったり，食べるものによって変わる
　　　　　　　　　ウンチの色の違いを楽しんだりすることができます。

☆メ　ダ　カ・・・餌をあげると小さな体でパクパクと食べる愛らしい姿に，子ど
　　　　　　　　　もたちは夢中で，毎日メダカに会いに行きます。

☆カブトムシ・・・幼虫と成虫の形の違いに驚きの声が響きます。初めは怖がって
　　　　　　　　　いた子どもたちも，世話を続けるなかで少しずつ触れられるよ
　　　　　　　　　うになるなどの成長もみられます。

第4章
子どもと物のかかわりについて学ぼう

本章のねらい

　本章は，「玩具・遊具で遊ぶ」，「道具を使う」，「さまざまな素材を楽しむ」の3つの節に分けました。どの項目も乳児から幼児に向けてのエピソードを時系列に並べ取り上げています。「玩具・遊具で遊ぶ」では，人形やドミノ，コマなど身近な玩具・遊具に触れながらの遊びを紹介しています。「道具を使う」では絵具やセロテープ，カナヅチなどを使うことで遊びがより豊かになるエピソードが書かれています。最後の「さまざまな素材を楽しむ」では，水たまりや雪，カップ，泥や砂など自然物や廃材などに関するエピソードを取り上げました。どの項目においても，それぞれのエピソードがどのような環境設定によるものなのかを考えながら読み進めていきましょう。本章は，以下のことに視点をおきながら学びましょう。

① **乳幼児期の発達を学びましょう**

　生活のなかで見られる年齢別による発達を理解しましょう。

② **環境設定について学びましょう**

　エピソード一つひとつが，どのような環境設定か，またその環境設定の意味についても考えましょう。

③ **保育者の配慮について学びましょう**

　エピソードを通して保育者の配慮について検討しましょう。また，エピソードをもとに，保育を学んでいる人たちと一緒に意見のやりとりをするなかで，自分が保育者ならばどのように子どもに配慮するかについても考えましょう。

はじめに

　子どもは，誕生して少しすると物とかかわり始めるようになります。乳児の段階では，吸ったり，なめたり，つかむなど物に親しみをもちながらかかわりをもつようになりますが，幼児の段階に移行するにつれ，その物の性質を理解しながら遊びを行うようになっていきます。子どもたちは，成長すると共にどのような物に出会うのでしょうか。そして，保育者（養育者）は，子どもたちが，その物に出会うための環境設定をどのように行っているのでしょうか。本章では，エピソードを中心に読み進めていきましょう。

第 1 節　玩具・遊具で遊ぶ

　子どもたちは，物（玩具・遊具）と触れ合い，その触れ合いを通して自ら物にかかわろうとする力を育んでいきます。乳児においては，おしゃぶりや手にもつと音が鳴るガラガラ，絵本などに興味や関心をもち，幼児になるとドミノやコマなど，一人遊びでも遊べるようになりますが，仲間がいるとより楽しい遊びへと移行していきます。ここでは，遊びの変化と共に保育者の配慮や環境設定についても考えていきましょう。

エピソード 1　身近な物との触れ合い（6 ヶ月未満）

　生後 2 ヶ月頃になるとユウトの小さな手もだんだん赤ちゃんらしいプクプクの手になり，養育者がおしゃぶりを渡そうとするとしっかりとは握れないものの物をつかみ始めます。そして，おしゃぶりのリングをもつと口のなかに入れ吸い始めました。

　体がだんだん自由に動くようになると，寝ている姿勢でも自分のまわりに置かれた人形に興味関心をもち始めます。ある時には，横に置いてあるダックスフントの人形の耳をつかんで口のなかに入れ「ウーンウーン」，「ワァーウーン」と言ったり，リング付きのクマの人形（おしゃぶり用の人形）を手にもち口のなかに入れ始めるようにもなりました。

　誕生後のこの時期には著しい発達が見られます。首が座り，手足の動きが活発になってくると共に，視覚や聴覚などの感覚の発達もめざましく，泣く，笑うなどの表情の変化や体の動き，喃語などで自分の欲求を表現するようになってきます。養育者は，子どもが発した喃語などを通して応答的にかかわり，この時期に芽生える情緒的な絆の形成を大切にしていきましょう。

　エピソードのなかのユウトに関しては，養育者がこの時期に必要だと思いおしゃぶりを渡しています。ユウトは，初めのうちおしゃぶりの存在はわからないものの，養育者に与えられたおしゃぶりを口にすることでおしゃぶりを吸うことの楽しさがわかるようになります。その楽しさから吸い続けるのです。さらに，ユウト自身が物の存在を理解するようになると物を手でつかんだり，口のなかに入れようとしたり，口のなかに入れることによって欲求を満たすようになります。この場合には，養育者が子どもの口のなかに入れても安全な物を子どものまわりに置いておくことが重要です。

　養育者（保育者）が環境設定をする場合には，その時期，その時期に子どもが必要であろうとする物を用意しましょう。それには，養育者（保育者）自身が子どもの発達を理解しておくことが大切になってきます。

■エピソード 2　身近な物とのかかわり（1歳未満）

　7ヶ月頃ユウトは，ハイハイのポーズをとりながら保育室のマットの上で360℃回転することが上手になってきました。けれども，まだ前にハイハイすることはできない状況です。この日は，保育者が初めてポロンちゃん（起き上がりこぼし）をユウトの近くに置くと，ユウトはうつ伏せになりながらポロンちゃんの目をジ〜っと見つめ，顔を近づけようとします。保育者が，ポロンちゃんをゆっくり左右に揺らすとポロンちゃんは，カランコロンカランコロンと音を立てます。ユウトはその音を聞くと喜び，足をバタバタさせたり，声を「キャ〜キャ〜」上げたりしながら体をくねらせました。

　また，ユウトは絵本も大好きで1日に1回は保育者が読んでいました。

10ヶ月頃になるとユウト自身が絵本をめくるようになります。ユウトはペー
ジめくりを楽しみ，次のページを開きながら前のページを閉じたりするな
ど，バタンバタンとページを開け閉めする行為を楽しんでいました。この頃，
ユウトは絵本のなかでも特に『いないいないばあ』の絵本を好み，保育者
が読むと保育者の話をじっくり聞く姿も見られるようになってきました。

　生後7ヶ月前後は，お座りができるようになり，両腕をピンと伸ばすことか
らうつ伏せ状態の体を起こすようになります。さらには，お腹を床につけたま
ま腕の力を使って前に進もうとしたり，腰をひねりながら足の力を借りて前進
しようとする「ずりばい」が始まります。子どもは，このような経験を通して
ハイハイが上手になっていきます。
　エピソード2では，ユウトがずりばいをしながら自分の近くに置かれたポロ
ンちゃんに興味関心をもち近づいている姿です。特に保育者が，ポロンちゃん
を左右に揺らしカランコロンという音を鳴らすと，ユウトは全身を使って喜ん
でいました。子どもが，ずりばいができるようになった頃に，その子どもと少
し距離を置いた所に新しい玩具などを置くと，子どもはその玩具に興味関心を
もち，玩具をめがけて前に進もうという気持ちになります。この前に進もうと
する行為が，子どものハイハイができるようになる行為をより豊かにするので
す。保育者の配慮が，子どもの発達を促しますが，それには子どもがどのよう

な物に興味関心をもつのかを考えたうえで玩具を備える必要があります。

　また，この時期になると手先も意図的に動かせるようになることが特徴です。エピソードのなかでユウトが絵本をめくっている場面がありますが，これは厚紙でできている絵本（ボードブック）です。ユウトは，ページをめくることができるようになるとページを開け閉めすることに楽しさを感じています。この時期の子どもたちが，ページをめくりながら絵本を楽しむことができるように，保育者は乳幼児向けのボードブックなども用意しておくと良いでしょう。

エピソード 3 「あそびをはっけんしたよ」（1歳児）

　コウタは，竹製のガラガラがお気に入りです。ガラガラのなかには，鈴が1つ入っているので握ると鈴の音が聞こえます。同時に手で握る柄は笛になっていました。コウタは，口に物を入れるようになった頃からその柄をくわえていました。始めのうちは，くわえていただけでしたが，吸う行為をしていくなかで吹く行為がわかるようになってきました。けれども，コウタが笛を吹いて聞こえてきたのは息がもれる音だけだったのです。コウタは，1歳のお誕生日を過ぎた頃，いつもと同じように竹製のガラガラの柄を笛のように吹くと「プ～」とかすれたような音が出ました。コウタは，音が出たことを喜び何度も鳴らすことで上手に吹けるようになりました。

　保育者は，コウタが笛を鳴らすことができるようになると，押すと音がでるワニの携帯電話を渡しました。ワニの携帯電話は，開くとプッシュ式のダイヤルの面と鏡になっている面があります。コウタは，はじめ鏡を見ると不思議そうにしていました。同時にプッシュ式ボタンを何度も何度も押しましたがなかなか音が出ませんでした。保育者が，コウタの目の前でボタンを押しながらコウタが押しやすいような位置を確認できるようにゆっくり押します。コウタと保育者が，遊びを通しながら何度も同じ行為をしていると，コウタは1人でもボタンを押すことができるようになりました。そして，ワニの携帯電話を手にしてから1ヶ月ぐらいが経つとコウタは1人でプッシュ式のボタンをスムーズに押せるようになりました。

　一般的に1歳前半から2歳頃になると，手を使い身のまわりの物に自発的に働きかけていくようになります。また，運動機能の発達により，押す，つまむなどの行為も見られるようになってきます。この時期の子どもたちは，環境に働きかける意欲を一層高める年齢だと考えられています。

　エピソードのなかでは，コウタが吹けなかった笛を吹けるようになりました。子どもの身体的機能を考えると，吸うという行為の方が吹くという行為よりも早く発達することがわかります。吹く行為ができるようになると，おもちゃのラッパなども吹いて音を鳴らすことができます。子どもの発達を踏まえながら玩具を設定すると，子どもは遊びを通してさまざまな行為を試すことができるようになります。

　同時にこの頃になると，手も細かく動かすことができるようになり，ワニの携帯電話のボタンを押すことで押す意味を理解するようになりました。始めのうちは遊びのなかで押すことを楽しんでいますが，徐々に保育室の電気のボタンを押したがるなど，遊びから生活にかかわる行為をしたいという意思表示を示すようになってきます。

┌───┐

　｜エピソード 4｜「うさちゃん，だいすき」（2歳児）

　アユミは，うさぎの人形を好み，どんなときでも抱いています。アユミは，2歳のお誕生日を過ぎた頃になると，しまじろうの人形に話しかけるようになりました。長い文章を使いながら会話口調で話すことは難しいのですが，「どうぞ」と言ってうさぎの人形をイスに座らせたり，保育室の床に座らせ「どうしたの？」，「だいじょうぶ？」と親身な顔をしながらうさぎの人形に尋ねたりする姿が見られるようになってきました。

└───┘

　この時期は，盛んに模倣し，物事の間の共通性を見いだすことができるようになるとともに，象徴機能の発達により，大人と一緒に簡単なごっこ遊びを楽しむようになる特徴があります。アユミは，生活のなかで自分が保育者から言われた言葉がけをしまじろうの人形やうさぎの人形に模倣することで，自分が

大人の世界に一歩近づけたと感じているように思われます。

　保育者は，この時期の子どもの発達を理解し，子どもが遊ぶ部屋のなかには，日常生活と同じような物も設置しておくと良いでしょう。たとえば，ままごとセットなどを備えておくことで子どもは現実世界でできないことを虚構の世界で楽しみます。

エピソード 5　「みんなでドミノ！」（3歳児）

　ユウタとコウイチは長いブロックやウサギ型のブロックをつなげて "武器" に見立て，戦いごっこを楽しんでいました。テレビで観ているヒーローになりきって，ポーズをとったり，セリフを言ったりして立ち回っています。その近くで，タクミとコウキはウサギ型ブロックをドミノのように並べていました。できるだけ長く並べたいのですが，なかなか上手くいかず困っていたところへ保育者が「端の方で並べたら？」と声をかけ，他の友だちが誤ってぶつかりにくい場所へ移動します。すると，先ほどまで戦いごっこを楽しんでいたユウタとコウイチも興味を示して近づいてきました。2人は「なにしてるの？」とタクミとコウキに尋ねると「たくさんならべて，たおすんだよ！」という返事が返ってきました。ユウタとコウイチも楽しそうだと思ったのか，「へ～」，「ぼくもやる！」と言って一緒に並べ始めました。いつの間にか他の友だちも増え，大勢で並べたブロックドミノ。並べている途中で何度も倒れてしまい，子どもたちから「あ～」という声が聞こえながらも，なんとかみんなで並べきることができました。最後はみんなの「せ～の!!」という言葉がけで端から次々と倒れていくブロックを見ながら，「わ～!!」，「すご～い!!」，「きゃ～!!」と大歓声が上がりました。

　ブロック遊びではいつも "武器" を作っていたユウタとコウイチは，自分たちがいつも使っていたブロックが違う方法で遊ばれていることに気づき，興味を示します。そして，そこで友だちと一緒に遊びながら，協力して何かを作り

上げていくことや，一緒に喜ぶことを経験しました。また，コウキとタクミにとっても，2人でやっていた遊びに仲間が増えていくことで，予想以上の長さのブロックドミノになり，喜びも達成感も増したのです。

　子どもは，目の前にある玩具を使っていろいろな物をイメージして遊びますが，友だちや保育者がしていることを見てイメージを膨らませることも多くあります。子どものイメージは大人が想像している遊び方とは違うこともありますが，保育者は子どものイメージを受け止めながらかかわり，さらに遊びを膨らませていきたいものです。子どもたちは，友だちや保育者と楽しさや喜びを共感することで，「もっと遊びたい」，「次はこうしてみよう！」という気持ちへとつなげていくのです。

エピソード 6　「みんなでコマ大会やろう」（4歳児）

　冬休み明け，ブリキゴマの遊びがクラスのなかで盛り上がってきました。保育者に手伝ってもらわなくても，自分でひもを巻いて回すことや技にも挑戦する子どもが増えてきました。また集まりの時間に「ひとりでまわせるようになったよ」，「コマをおぼんにのせられたよ」とうれしそうに報告する姿や友だちができるようになったことを一緒に喜ぶ姿も見られるようになってきました。

　ある日，リトが「みんなでコマ大会やろうよ」と提案しました。エイミも「いいね。わたしもまわせるようになったもの」と賛成しました。保育者が「そうね，みんなだんだん上手になってきたものね。どんなふうにするの？」と言葉がけすると，リトが「みんなで『コマしょうぶ！』ってまわすの」と答えました。するとリュウイチが「まわせなかったらどうするの？」と尋ねました。リトが「そうしたら，まわせるまでやってもいいの」と答えました。リュウイチが「なんかいでもちょうせんできる？」と問いかけると，リトは「うん。まわせるまでちょうせんするの」と答えました。保育者が「みんなのコマが回るなんて楽しそうね」とうれしそうに話すと，リトは「20こだよ」と得意げに答えました。リトの応答を聞いたリュウ

イチは「すごーい！」と驚いたように言いました。保育者が「もも組のコ
マ大会ね。いつやる？」と聞くと，リトは「きょうは，もうかえるじかん
だから，あしたやろう」と笑顔で話しました。リトの提案を聞いた子ども
たちも「やったー」と次の日を楽しみに帰りました。

　それから，もも組では数日にわたりコマ大会が続きました。大会のルー
ルも，グループの勝負（コマが，長い時間回った人が多いグループが勝ち）や
お助けゴマ勝負（とまったら次の人が回していく）など子どもたちがいろい
ろと考えました。また，ユウサクが「オリンピックみたいにメダルをもら
えるようにしよう」と提案したことから，厚紙や折り紙を使ってメダル作
りも始まりました。

　一般に4歳児は，全身のバランスをとる能力が発達し，協調運動ができるよ
うになり，指先の細かい動きが巧みになるため，遊びのなかで指先を使う経験
をたくさん積むことが大切です。そして年間を通して遊ぶ玩具だけではなく，
コマのように時期を選んで出会わせたい玩具もあります。コマにもさまざまな
種類のものがありますが，4歳児には，大きさやさまざまな遊び方ができると
いう点でブリキゴマがちょうど手頃です。

　また，コマ遊びを通して「○○ちゃんみたいにやってみたい」と友だちの姿
にあこがれ，自分なりの目標を掲げて活動を始めるのもこの頃です。思うよう
にできれば自信をもちますが，一方で思い通りにならないことに苛立つことも

あります。保育者は，友だちの姿にも目を向けさせながら，あきらめず再度挑
戦していく気持ちを支える必要があります。

第2節　道具を使う

　子どもたちは，物（材料）とかかわり，物に働きかけながら，道具を使い，
自己表現（実現）をしていきます。そのために子どもたちの発達年齢に即しな
がら，いろいろな物（材料）と道具と場を整え，自在に使えるように整備する
ことはとても大切なことです。本章では，これらに視点を置きながらエピソー
ドを見ていきましょう。

エピソード 7　「ぼくのかさができたよ」（1歳児）

　アキヒロは，保育者と傘作りに挑戦です。保育者は，机の上にいろいろ
な絵の具を用意しました。子どもたちが保育室のなかで遊んでいる間に子
どもたち1人ずつと傘作りをします。アキヒロは，保育者が絵の具で遊べ
るスペースを作っているときから様子をうかがい，保育者が子どもの名前
を呼ぶ頃になると保育者の傍に近づいていきました。保育者は，アキヒロ
の指に絵の具をつけ，傘に模様をつけることを伝えると，アキヒロは勢い
よく絵の具のなかに指を入れ，絵の具がついた指で傘にスタンピングしま
した。絵の具で指のマークをつける時に，強く押しすぎて大きな指のマー
クになることもありました。指をタオルで拭きながら2〜3種類の絵の具
ですてきな傘が仕上がりました。

　絵の具遊びをするときに大切なことは，何歳児と一緒に絵の具を使用するか
です。それによって準備をする物が異なってきます。エピソードのなかのアキ
ヒロは，1歳児なので，保育者はゆび絵の具を楽しむことを計画しました。ア
キヒロは，ゆび絵の具を好みましたが，子どもによっては絵の具を指につける
ことを好まなかったり，保育者の話を聞かずにどんどんスタンピングをしてし

まう子どもや他の場所や物にスタンピングする子どももいるため，絵の具をどのように設置しておくかということや，スタンピングする環境を整えることなどに配慮することも準備段階で大切なことになります。

エピソード 8 「どんどんながくなるね」（3 歳児）

　マサキは 1 人で木製のレールをつなげ，その上に木製の電車を長くつなげて走らせていました。保育者が「つながったね。何ていう電車かな？」と話しかけると，マサキは「しんかんせん，こまちだよ」と答えました。また少し離れたところで，ケイタが牛乳パックを床の上で走らせて遊んでいました。保育者が「ケイタ君のは電車かな？」と言うと，ケイタは「しんかんせん」と答えました。すると，マサキが「えっ？　しんかんせん？」とその言葉に反応して見に来ました。保育者が「ケイタくんのも新幹線だって」と言うと，マサキは「ちがうよ。しんかんせんはいちりょうじゃない・・・こーんなにながくつながっているんだ」と自分の新幹線を指さしました。保育者が「本当だ，マサキくんの新幹線は長いね」と言うと，ケイタも「わあ，ながいね」と言いました。保育者が「ケイタくんの新幹線も長くする？」と聞くと，ケイタも「うん」と答えました。ケイタは，空き箱コーナーから牛乳パックをもってきて，床に並べました。保育者は「いいね。2 両になったね」と話すと，それを見ていたマサキが「くっつければいいよ」と言いました。保育者が「牛乳パックをつなげるのね。それにはいいものがあるよ。セロテープで貼るといいよ」と言うと，マサキも「そうそうセロテープでくっつける」と言いました。保育者が「やってみよう。こうやってセロテープを切って貼ると・・・」と見本を見せながら貼ると，ケイタも「ぼくもやる」とセロテープ台からテープをのばし，切って貼ることにチャレンジし始めました。2 つの牛乳パックがつながり，ケイタが先頭車両を動かすと 2 両目も一緒に動きました。マサキが「つながったね」と喜ぶと，ケイタは「もっとながくしよう」とまた牛乳パックをもってきてつなげました。見ていたマサキも「どんどんながくなるね。

> ぼくもながいのをつくる」と牛乳パックをいくつも抱えてきて，2人で一緒に遊び始めました。

　この時期は，自分なりの遊びを数多くもてるようにすることがとても大切です。そのために保育室には，視覚的にもわかりやすい場（コーナー）やものを設定し，ものを手掛かりにして充足して遊ぶ体験ができる環境を整える必要があります。空き箱コーナーはその1つです。空き箱は，空き箱そのものを何かに見立てて遊ぶことや子どもたち自身が貼る（セロテープ・のり）など手を加えることもできます。この物と物との接着方法を獲得できることは，子どもの表現世界を広げる大切な力となります。

セロテープでくっつくかな？

エピソード 9 「くつをつくる」（4歳児）

　5歳児のお店屋さんに招待され，買い物を楽しんだ4歳児の子どもたちは，保育室に戻ると，買ってきた品物でそれぞれ遊び始めました。そんななか，ユウマから「年長さんみたいにお店やさんやりたいな」と声が上がりました。そこでみんなで集まり相談すると，クラスの子どもたちも「いいね」，「こんどは年長さんがお客さんね」，「やろうやろう」とやる気になりました。ユウマが「ぼくは，おすしを売りたい」と言うと，他の子どもからもロボット，花，キャンディー，帽子・・・と売りたい品物が出てき

ました。そこで，それぞれに品物を決め，どんな材料を使って作るのかを考え準備を進めていくことにしました。

　ケイは，ティッシュペーパーの空き箱で靴を作ることにしました。ちょうどペーパーの取り出し口から足を入れるといいと考えたようです。空き箱コーナーからティッシュペーパーの空き箱を２つもってくると，足を入れてみました。するとケイが「足ははいるけど，なんだか大きすぎる」とつぶやきました。保育者が「そうね，私もいい考えだと思ったけど」と言うと，ケイは「そうだ，もうちょっとちいさい箱にして，こういうふうに切ればいいんだ」と考えました。牛乳パックをもってきて，注ぎ口のところをセロテープでとめ，横にして足を入れるところに，マジックで長丸を書き，ハサミで切ろうとしました。けれども牛乳パックにハサミで切りこみを入れることができず，困ってしまいました。保育者が「どうしたいのかな？」と聞くと，ケイは「ティッシュの箱みたいに，あなをあけたい」と答えました。そこで保育者はハサミの刃が入るようにカッターで切りこみを入れることを提案しました。ケイが牛乳パックをおさえ，保育者が切っていきました。切りこみができたので，保育者が「ここからハサミを入れて切ってごらんよ」と言うと，ケイはそこからハサミを器用に動かしながら，自分で書いた線を切っていきました。両足ができ上がると自分の足を入れてみました。自分のイメージしていたものができたようで，とても満足そうでした。

　この時期は，全身のバランスをとる能力が発達し，協調運動ができるようになります。指先の細かい動きが巧みになり，ひもを通したり結んだり，ハサミを上手に扱えるようにもなります。ハサミなどの道具を自分たちの手と同じように使えるようになると，それらを使用して切り取る方法が加わり，自分のイメージしていることをより具体的な形にしていくことができるようになります。また保育者は，子どもたちが道具を自由に使いこなすために，その道具の特性をきちんと伝え，丁寧に使い自主管理することを伝えていく必要があります。

エピソード 10 「ぼくたちは，カナヅチ名人だね」（5歳児）

　ヒナから育ててきた3羽のチャボの名前を皆で考えました。「ちいさい子にも名前がわかるように，小屋に看板をつけよう」，「でも，紙だとぬれちゃうよ」，「じょうぶな木でつくればいい」ということで，ベニヤ板と木片を使って作ることになりました。ベニヤ板に鉛筆で下書きをし，その上にパズルのように木片を並べていきました。「三角のかたちがほしい」と要求されると，保育者は子どもたちの前でノコギリを使って木片を三角に切ってあげました。子どもたちは普段あまり見ることがない道具をとても興味をもって見ていました。保育者は，ベニヤ板にボンドで木片を貼ってから「釘で打つともっと丈夫になるよ」と言うと，子どもたちはカナヅチで釘を打つということにも保育者と一緒に挑戦してみました。ペンキで色を塗り，仕上がった看板はとても好評で，チャボの名前をすぐに覚えてもらうことができました。その後，この看板作りがきっかけとなり，クラスのなかで木片を使っての木工遊びが始まりました。車やひこうき，小さなイスやテーブルなど思い思いに作って楽しむ姿が見られるようになり，そのなかでカナヅチ，ノコギリ，釘抜きなどの道具の使い方やコツがわかってきました。

　ユウキとハジメは，2人でパチンコのようにドングリを転がすゲームを作り始めました。ドングリが転がるコースを考え，釘を打っていきました。「ここにはいったら，10点ね」，「こっちは50点」，「ここにはいったら，もう1かいやれることにしよう」とアイディアを出し，角材を切るときには「ここおさえて」，「はんぶんでこうたいね」と2人で協力して進めていきました。また何本も釘を打つうちにとても上手になり，「ぼくたちは，カナヅチ名人だね」，「年長にしかできないよね」と得意げに話す姿も見られるようになりました。数日かけて作りあげたゲームをクラスの友だちにも紹介すると，その姿に刺激され，ゲーム作りに仲間入りする子どもや，お客さんとしてゲームをやらせてもらう子どもが出てきました。後に，この『ゲームやさん』を軸としてクラスの木工活動が展開し，みんなで協力して園庭に「ゲームや」の小屋を建てることになっていきました。

　5歳児では，自分たちで加工する道具・用具・材料を増やすことにより，子どもたちの表現はさらに膨らんでいきます。材料の特性，またそれに適した道具を使う基本的な技術を伝えていくことがとても大切です。

　木工遊びでは，これまでの手なれた材料（紙，空き箱・ダンボール類）に加えて，「もっと丈夫＝手ごたえのあるもの」として木材に出会っていきます。釘の長さを考える，木材の長さを測る，作る手順を考える，役割分担という見通しをもって進めていく必要があり，それも活動のなかでの大きなねらいとなっていくのです。また，取り組みのなかで「釘打ち名人」とか「ノコギリ名人」というように，自分が得意とすること，また友だちが得意とすることが見えてきて，お互いに力を発揮し合って目的を実現することができるという経験を支えることが大切です。

ペンキで色塗り

木片で作った看板

カナヅチに挑戦

ノコギリを使う

第3節　さまざまな素材を楽しむ

　園生活のなかでは，子どもたちと自然物とのかかわりを大切にしています。それには日々，保育者が自然物に目を向け，子どもがかかわることができるような環境作りを設定することが大切になります。ここでは，子どもたちがどのような自然物に出会い，どんな遊びをしているのか，エピソードを見ながら考えていきましょう。

エピソード 11 「ながぐつはいて　ぴしゃぴしゃぴしゃ」（1歳児）

　レナは，雨の日が大好きです。保育園に登園する際，水たまりを見つけると近づこうとします。母親は，レナの手を引きながら水たまりに入らないように遠回りをして歩こうとしますが，レナは母親の手を引きながら長靴をはいたまま水たまりのなかに恐る恐る入ります。水たまりのなかに足を入れその水の動きを見た後，その場で歩くまねをしながら両足を動かし泥水が飛び散るのを楽しみます。レナは，「キャーキャー」と言いながら泥水のなかで両足を動かします。ときに泥水が洋服についたり，自分の顔につくこともあります。レナは，水たまりの水がほとんどなくなると，遊びに納得したように保育園の入口まで歩いて行きました。

　子どもたちは，なぜか水たまりを見つけるとそのなかに入ろうとします。養育者は，水たまりを見ると子どもたちに入ってほしくないという（この場面は，登園のため）思いから水たまりを避けようとしますが，子どもたちはその水たまりの方に養育者の手を寄せつけながら入っていきます。このエピソードにもあるように，はじめは恐る恐る水のなかに足を入れ，その感覚を楽しむと，今度は足を大きく動かすようになっていきます。1歳児は，ジャンプをすることは難しいですが，水のなかで歩くまねや，大きく足を動かしながら水がどのように動くのか，水がどのくらい飛び散るのかを遊びを通して経験していきま

す。時に顔に泥水がはね，それを喜んだり，友だちと一緒にその行動を楽しむ姿も見られるようになってきます。

水の感触を楽しむ

エピソード 12　「とけちゃった！」（3歳児）

　子どもたちは，保育室に入って来るなり「先生，雪がふっているよ」と言いながらニコニコして登園してきました。保育者は，「本当ね〜，たくさん雪が降ってきたね〜」と答えました。子どもたちが保育室で遊んでいると，園庭には雪が少しずつ積もっていきます。

　ミカは，「さむいから雪さんをおへやにいれる」と言うと，急ぎ足でベランダへ行き，ベランダのふちに積もっていた雪を手に取ると，靴箱の近くに置いてあったバケツのなかに入れました。他の子どもたちは，追うようにミカについていき，ミカがバケツをもって保育室のなかに入ると，他の子どもたちも保育室のなかに入りました。

　ミカは，「ここだとさむくないかな」と言い，保育室に設置してある机の上に雪の入ったバケツを置きました。保育者は，ミカの行動を見ながら他の子どもたちとかかわっています。時々，ミカは遊びを中断し，バケツの雪を確認しに行くと納得したかのようにうなずき，遊びに戻っていきます。この行動を何度か続けた後，突然ミカが大きな声で「なくなっちゃった」と叫びました。他の子どもたちもバケツのなかを見ながら「ない」と

大きな声で言います。ミカは，「雪が，とけちゃった。お水になっちゃった」
と驚いた表情でまわりの子どもたちに話していました。

　保育者は，ミカが部屋のなかに雪を入れる姿を目にしながらミカの様子をじ
っと見守っていました。保育者は，雪を部屋のなかに入れたら溶けることは理
解していましたが，ミカ自身に暖かい場所へ雪を置くと溶けて水になることを
理解してもらいたかったのです。この経験を通して，ミカだけが保育室のなか
に雪を置くと溶けることを理解するだけでなく，まわりの友だちも理解するこ
とができました。

エピソード 13 「なにつくろう」（3歳児）

　家庭から集めた廃材を使って，子どもたちは自由に製作して遊びます。
タイガは，大きめのお菓子箱の側面に，プリンのカップ（プラスチック）
をのりでつけようとしていました。しかし上手くいかず「せんせー，のり
でくっつかない」と言って，プリンカップを見せます。保育者は，「のり
だとつかないのね。じゃ，どうしようか？」とタイガに聞いてみました。
タイガは「うーん」と考え，「テープつかってもいい？」と言いました。
保育者は「いいよ。やってみよう！」と声をかけて，タイガを見守ります。
タイガはセロテープを切って貼り，くっつきそうなことがわかると保育者
に笑顔を見せ，ぐらつかないように少し長めに切って貼るなど工夫をしな
がらくっつけていきました。お菓子の箱に4つのプリンカップが固定され，
"車"の形が出来上がります。「ついた！」タイガはうれしそうにもち上げ，
保育者に見せます。「すごいね！」，「車の形になったよ」と保育者に言わ
れ，満足した表情を見せると，次にタイガは車に模様をつけようと，包装
紙をもち出しました。包装紙を適当な大きさにちぎると，「なにで，はろ
うかなぁ」と考えます。「のりでくっつくよね！」そう言って，ちぎった
包装紙をのりで貼りつけ始めました。それから，もっと他の物も貼ってみ
たいと思ったタイガは，リボンや布の端切れ，毛糸などをもってきます。

「これも，のりではれるかな？」そう言いながら，1つずつのりで貼って
いきました。凸凹と立体的な模様がついて，タイガは大喜びです。「やっ
たー！　できたー！」タイガの豪華な“車”が完成しました。

　廃材は，保護者にも協力してもらいながら，家庭で不要になったものを集め
ていきます。段ボール，牛乳パック，ペットボトル，お菓子やカレールーの箱，
リボン，毛糸など，廃材は，素材も形もいろいろです。タイガは，たくさんの
廃材のなかから，箱とプリンカップで“車”を作ることにしました。初めから
“車”を作るつもりでそれに見合う廃材を探したのか，廃材を見ながら想像を
膨らませたのかは定かではありませんが，四角い箱は車のボディーに，そして
丸いプリンカップをタイヤにして4つつけることで，“車”の形を表現しまし
た。形を組み立てていくという作業のなかで，素材の違うものは何を使ってつ
けていけばよいのかを考えます。タイガは，まずのりでプリンカップをつけよ
うとしましたが上手くつかずにセロテープを使いました。しかしその後，包装
紙を貼る時には自分で考えた末に，のりで貼っています。これまでの経験のな
かで，“紙”はのりでつくことを理解していたのでしょう。そしてその後もリ
ボンや布，毛糸をのりで貼りつけました。廃材の素材を1つずつ確認しながら，
自分で工夫をし作り上げていったのです。
　タイガは3歳児の保育室に通常置いてあるセロテープとのりを使いました
が，4歳児，5歳児になると，さらに経験のなかで，セロテープやのりだけで
なく，セメダインやボンドも“貼る”ための材料として使っていくようになる
でしょう。
　廃材は，子どもたちが自分の想像力を膨らませながら製作するのに，とても
適しています。子どもたちが自由に想像しながら作っていけるように，保育者
は環境を整えましょう。

エピソード 14 「砂だんごから泥だんご」（5歳児）

　砂場ではさまざまな年齢の子どもたちが遊んでいます。砂をバケツに入れたり出したり，砂のなかに手を潜らせたりして遊んでいる3歳児。器に砂を入れて，葉っぱや木の実をのせて，"ごちそう"を作っている4歳児。そして，砂を掘ったり積んだりして"山"や"川"を作り，水を流して遊ぶ5歳児。

　そのなかで，エイトとユウリは砂だんごを作っていました。はじめは砂場を掘って，下の方にある湿った砂を手に取り丸めていき，形を整えながら時々乾いた白砂をかけていきます。「みて」，「こんなにおっきくなった」などと言葉を交わしながら，楽しそうに砂だんごを作る2人は，力の加減で崩れてしまっても，「わぁ！」と言いながら，顔を見合わせて笑い，その様子も楽しんでいるようでした。しばらくすると，2人の近くで，ユキナも白砂をかけながら"だんご"を作っていることに気がついたエイトが，「みせて」と言い，ユキナの"だんご"に触ってみると「すごーい，かたいね！」と言います。自分たちの作っているものより，しっかりとしただんごを作っているユキナに興味津々の2人は，ユキナの後についていきました。ユキナは，園庭の端の方へ行き，土を掘っていました。土に少し水を混ぜて丸めていき，時々砂場の白砂をかけながら泥だんごを作っていたのです。さっそく，エイトとユウリもユキナと一緒に泥だんごを作り始めました。しっかりと硬く，そしてつるつると滑らかな泥だんごができるように，園庭の端と砂場を行ったり来たりしながら，3人とも夢中で泥だんご作りを楽しんでいました。

　砂場は，子どもたちが好む遊び場の1つです。砂のさらさらとした感触や，雨が降った後のしっとりと重い感触など，いろいろな感触が楽しめ，子どもたちも遊んでいるうちに砂の特性を感じながら，遊びのなかで工夫をしていきます。エイトとユウリも，何度も砂だんごを作っているうちに，保育者や友だちから学び，初めは砂を少し掘ると出てくる湿った砂を使うことや，白くてさら

さらした砂をかけることなど，砂だんごの強度が増すように工夫していました。砂で作っただんごは崩れやすいのですが，簡単に何度も作れるところが魅力でもあり，エイトとユウリは自分の作っている砂だんごが崩れても，それを喜んでいました。しかし，もっともっと強度の強い“だんご”を作りたくなった2人は，園庭の端にある“土”を使う方が良いことを，ユキナの泥だんごを見て気づきます。土もまた，乾いた土や湿った土，水を混ぜて泥にするなど，いろいろな感触が楽しめる素材です。実際，だんご作りにおいても，子どもたちは試行錯誤を重ね，たくさんのことを経験しながら学んでいました。子どもたちが自由に安全に，思いきり楽しめるように環境を整えていくことも，保育者の大事な役割です。多くの園に設置されている砂場は，衛生面に気をつけなければならない素材の1つです。子どもが，日々問題がなく遊び続けられるのには，どのような配慮が必要なのかも考えなければなりません。

白砂をかけながらだんご作り

第4節　この章で学んだこと

本章の3つの項目に共通することは，子どもたちが物に出会うときの初めのかかわりは，保育者（養育者）の働きが非常に大きいということです。保育者（養育者）の援助によって，子どもたちはさまざまな物（素材）とかかわることができるようになります。そして子どもたちは物（素材）の性質を体験的に学

びながらその物の特徴や使い方などを理解するようにもなっていきます。

　保育者が環境設定をする場合には，その時期その時期に子どもにとって必要な物を用意しましょう。それには，保育者自身が子どもの発達を理解しておくことが大切になってきます。

　エピソードからも読み取れるように，子どもが遊びをどのように進めて良いかわからなくなった場合，保育者がその子どもにヒントを与え，子どもが想像していた遊びにより近づけるようなかかわりをしています。それには，保育者がその子どもの発達を理解すると同時に，子どもの経験値も理解することが必要でしょう。

　さらに，これらの環境が設定されることにより，子どもたちは友だちとも深いかかわりをするようになります。環境は，人的環境，物的環境などといわれていますが，さまざまな環境が組み合わさることで子どもの遊びをより豊かにすることができます。

※謝　辞
　本章のエピソードの一部は，学校法人佐藤学園東立川幼稚園園長浅生浩美氏と学校法人内野学園清瀬ゆりかご幼稚園主幹教諭柳本亜紀氏より提供いただきました。

・・・・・・・・・・・・・・・・・・・ 引用・参考文献 ・・・・・・・・・・・・・・・・・・・

加藤繁美『0歳〜6歳心の育ちと対話する保育の本』学研教育出版，2012年。
民秋　言編『幼稚園教育要領・保育所保育指針の成立と変遷』萌文書林，2008年。
無藤　隆監修，岩立京子編著『事例で学ぶ保育内容　領域人間関係』萌文書林，2007年。
八木紘一郎編著『造形の誕生』青木書店，1984年。

第4章　確認問題

次の文章が正しければ○を，誤っていたら×を記入しましょう。

1．乳児は，物を口のなかに入れることが多い。そのため，保育者は子どもが
　口のなかに入れても安全な物を用意する。

2．保育者は，年間を通して遊ぶ玩具だけでなく，その時期に出会わせたい玩
　具も用意する。

3．ゆび絵の具をする場合は，子どもの興味関心を主に活動を進める。

4．空き箱は，何かに見立てて遊ぶことに適さないものである。

5．3歳児になると，カナヅチ，ノコギリ，釘抜きなどの道具の使い方やコツ
　がわかるようになる。

第5章
子どもと文字・数量などの かかわりについて学ぼう

本章のねらい

　本章は，「文字に親しむ」，「数量に親しむ」，「図形・標識に親しむ」の3つの節から構成されています。これらの項目を目にしたとき，年齢が高い子どもたちと項目を関連づけようとしてしまいがちですが，幼い子どもたちであっても生活のなかで文字や数量，図形・標識にかかわりをもっています。乳幼児期の子どもたちは，文字や数量，図形・標識などにどのような目的をもっているのでしょう。それには，どんな環境設定を必要とし，保育者は子どもたちにどのような配慮をしているのでしょうか。エピソードをもとにこれらの点について読み進めましょう。本章は，以下のことに視点をおきながら学びましょう。

① **子どもにとっての文字や数量などの学びについて考えましょう。**

　時系列に並んでいるエピソードをもとに，子どもが文字や数などを学ぶ意味や過程を考えましょう。

② **子どもと環境のかかわりについて学びましょう。**

　本章では，園のなかで出会う身近な環境だけでなく，園外で出会う環境を通して，子どもたちにどのような学びがあるのかを考えましょう。

③ **人的環境でもある保育者や友だちの役割について学びましょう。**

　保育者は，子どもの興味関心をどのような方法で援助しているのでしょう。また，友だちを通してのかかわりなどについてもエピソードからとらえてみましょう。

はじめに

　子どもたちは，生活をするなかで文字や数，図形・標識などに親しむように
なります。子どもたちは，何歳頃になると文字や数，図形・標識などに気づく
ようになるのでしょうか。それには，どのような環境設定が必要になるのでし
ょうか。エピソードをもとに子どもたちの姿をとらえていきましょう。

第 1 節　文字に親しむ

　子どもは，どのような環境のなかで文字を理解していくのでしょう。エピ
ソードをもとに年齢と関連させながら理解していきましょう。

エピソード 1 「これなあに？」（1 歳児）

　　シュウヘイは，絵本棚から図鑑を取ると保育者に近づき，保育者の手を
握るとイスに一緒に座ろうとします。保育者がシュウヘイと横並びに座る
と，シュウヘイが図鑑のページを開きます。図鑑は，電車，車，果物，野
菜などに分類されていますが，シュウヘイはそのなかでも車と果物のペー
ジを開き，図鑑のなかの絵を次々に指さしします。保育者は，シュウヘイ
の指さしに「パトカー」，「バナナ」など1つずつ答えます。

　1 歳頃になると，自分の好きな絵本を本棚から取ってくるようになります。
シュウヘイは，絵本のなかでも図鑑を好んでいました。特に日常生活のなかで
自分が興味関心をもっているページを開きながら保育者に物の名称を尋ねま
す。保育者が1つずつ丁寧に答えることで，シュウヘイは物の名称を理解して
いくようになりました。

エピソード 2　「ぴーぽーぴーぽー　きゅうきゅうしゃ」（2歳児）

　ソウマは，イスに座り図鑑を膝に置くと，車のページを開きながら救急車を指さし，「ぴーぽーぴーぽーきゅうきゅうしゃ」と話します。続いて「ぱとろーるかー」，「はしごしゃ」，「ごみしゅうしゅうしゃ」，「さんすいしゃ」などと言い始めました。

　ソウマが次々に名称を言うので，保育者は「これは？」と言いながらすでにソウマが言った名称の絵を再び指さすと，ソウマは笑顔で「ぱとろーるかー」と答えました。

　2歳を過ぎると一語文で話すだけではなく，文章らしい表現を用いるようになります。エピソード2でいうならば，初めのうちは救急車の絵を見て「ぴーぽーぴーぽー」と言い，保育者が「ピーポーピーポーね。ピーポーピーポーを救急車っていうのよ」とソウマに伝えると，ソウマはピーポーピーポーは別の言い方でいうと救急車と言うことができるんだなということを理解するようになってきます。このエピソードは，2歳児らしいエピソードといえるでしょう。

　2歳児になっても，自分の身近な物の名称に関心をもっています。図鑑のなかに日常的に見られない車が載っていると，名称がわからず，ソウマは「これなんていうの？」と保育者に尋ねてくることもあります。その繰り返しのなかで，子どもたちは日常的に見られる車だけでなく，日常的に見られない車の名称も覚えていくようになります。

　さらには，図鑑を通して覚えた名称を生活の場でも発言するようになり，パトカーや救急車，消防自動車などが園のまわりを走ると，園庭から「ぱとろーるかーだ」，「きゅうきゅうしゃだ」と発するようにもなりました。

エピソード 3　「ぼくのなまえがあるよ」（3歳児）

　ハヤトは，絵本『のろまなローラー』がお気に入りです。朝の身支度が終わると絵本棚へ行き，『のろまなローラー』を手に取ると保育者のところへやって来ます。

　ハヤトは,「先生, 読んで」と言い, 保育者の隣に座ります。保育者が絵本を読み始めると, ハヤトは「あ！ ハヤトの『や』だ」と言い, 保育者が絵本をさらに読み進めていくと,「あ！ ハヤトの『と』だ」と言うため, なかなか先に進みませんでした。ハヤトは, 保育者が絵本を読み終わると,「このえほん, だいすき。ぼくのなまえがあるよ」と保育者に伝えていました。

　ハヤトのお気に入りの『のろまなローラー』は, 3歳児の絵本にしては, 文字がかなり多いのですが, ハヤトは「ごろごろ　ごろごろ」などとローラーが動く表現を身体でまねしたり（両手をグルグル回す）,「ごろごろ　ごろごろ」と言葉で言っていましたが, その後, 自分の名前の文字を絵本で見つけると「ハヤトの『や』だ」と言ったり,「ハヤトの『と』だ」と言うようになりました。『のろまなローラー』の絵本は, 文字数も多く, やや長編ではありますが, 子どもが自ら文字に興味関心をもっている場合には, こういった本を好むこともよくあります。幼児期は, 絵本を通して文字を理解していくという過程として, 非常に大切な時期であると考えられます。

エピソード 4 「サンちゃんってかいてある？」（3歳児）

　入園式からしばらくの間は, 登園時に5歳児が3歳児に身支度の仕方を教えてあげるなど世話をする活動に取り組んでいます。登園してきた3歳児のサンが靴をもち, 靴箱の前でじっと立っていました。世話をしにきていた5歳児のコウタもその様子を見ていました。保育者がコウタに「靴箱がわからないのかな」と話しかけると, コウタは「そうだね。ぼくが教えてあげるよ」とはりきってサンのそばに行き「くつばこにいれるんだよ」と言いました。それでも靴を入れないので, コウタは困ってしまいました。保育者が「この子の名前がわかる？ 自分の場所がわからないんだよ」と言いました。コウタは「名前なんていうの？」と聞きました。サンが「サンちゃん」と答えると, コウタは左腕につけている名札の字を「ヨ・シ・

ダ・サ・ン・・・」と確かめ，「ヨシダ サンちゃん，ヨシダ サンちゃん・・・」と繰り返しながら，靴箱の名前を一つひとつ探していきました。コウタが「あったよ。ここにいれて」と指さして教えると，サンも嬉しそうに靴を入れました。それからタオルかけにタオルをかける時，ロッカーにカバンをかける時にも，サンは「サンちゃ

んってかいてある？」と自分の名前を確かめ，コウタも「ヨシダ サンってかいてあるよ」とやさしく答えていました。

　子どもが文字と出会うには，五十音表みたいな形ではなく，子どもにとって特別な意味をもっているものであるという視点でとらえていくことが大切です。

　園生活を始めた3歳児は，毎日の繰り返しのなかで家庭生活とは異なる園の生活（集団生活）の仕方を理解していきます。その1つが自分の場所（靴箱，ロッカー，タオルかけ）を覚えることです。そして，そこには必ず自分の名前がひらがなで書かれています。自分の名前が文字との出会いになるのです。

　まだ，サンはひらがなを読むことができませんが，自分の場所があること，そして自分の名前が書いてあることがとてもうれしかったようでした。保育者は，子どもが自分の名前の文字に意識を向けることができるように配慮しながらかかわりを続けています。

エピソード 5 「にているけどちょっとちがうね」（4歳児）

　保育室で朝の支度を始めたシズカは，カバンからタオルを出してタオルかけにかけようとしましたが，そこにはすでにタオルがかかっていました。シズカは自分のタオルがかけられず困ってしまいました。保育者が「シズカちゃん，何か困っているの？」と言葉をかけました。シズカは「あのね，ここにタオルがかけられないの」と答えました。一緒に確かめてみ

ると，シズカの場所に誰かのタオルがか
かっていました。保育者が「ここには
『もりたしずか』って書いてあるね。こ
のタオルは誰のかしら。名前を見てみよ
う」と話し，タオルの名前を探しました。
そのタオルには『もりたるい』と書いて
ありました。保育者が「も・り・た・

る・い」と読むと，シズカも「ルイちゃんのタオルだ」と言いました。そ
こで支度を終えて遊び始めているルイをシズカと一緒に呼びに行き，「あ
のね，シズカちゃんが困っているよ」とルイに話しかけました。シズカも
「タオルがかけられないの」と自分の気持ちを伝えました。それから3人
でタオルかけのところへ戻り，保育者が「これルイちゃんのタオルかな？」
と確かめると，ルイは「うん」とうなずきました。シズカは「ここはシズ
カのところだよ」とちょっと怒ったように言いました。保育者は「そうね。
ここには『もりたしずか』って書いてあるね」，ルイは「あっ，まちがえ
ちゃった」と急いでタオルを隣へかけ直しました。そしてシズカも自分の
タオルをかけることができました。保育者が「シズカちゃんよかったね」
と言うと，シズカもうなずきました。保育者が「2人の名前がモリタとモ
リタで同じだね」と言うと，2人とも「おなじだね」とうれしそうに言い
ました。ルイが「でもモリタはおなじだけど，そのさきがちがうね」と言
うと，シズカは「わたしは，シズカだよ」と言いました。2人は「にてい
るけど，ちょっとちがうね」と面白がりました。保育者も「面白いね。モ
リタ シズカちゃんとモリタ ルイちゃん，ルイちゃんの『る』には，ほら
小さなおだんごがついているよ」と『る』の文字の下の方を指さしながら
言いました。するとシズカが「シズカにはなにがある？」と聞きました。
保育者が「シズカちゃんには・・・シズカの『ず』のところには，てんて
んがあるよ」と言うと，2人は「おだんごとてんてんだって」と顔を見合
わせて笑いました。

　4歳児になると，ひらがなで書かれた自分の名前は読めるようになります。また自分の名前だけではなく，生活に必要なクラスやグループの名前，また友だちの名前などにも興味をもち始め，徐々に読めるようになります。

　シズカとルイは名字が同じで，タオルかけが隣同士でした。エピソードは，ルイがシズカのタオルかけにかけてしまい，シズカが困ってしまった場面ですが，保育者はルイとシズカが新たな発見に出会えるチャンスだととらえかかわりました。2人ともお互いの名前のなかに，自分の名前にはないひらがながあることに気づき，その特徴を面白がっています。このように，子どもたちにとって文字の世界は少しずつ広がっていきます。

:エピソード 6: 「トモキがかいた」（5歳児）

　週1回の絵本の貸し出しは，3歳児から続けている活動です。3歳児は保護者に選んでもらい，4歳児の3学期からは自分の『図書カード』（ひらがなで名前が書いてある）を使って自分で借りるようになります。年長になると『絵本カード』（表には自分の名前，裏には絵本の題名などを記入できるもの）を使い，保育者がその場で一人ひとりの名前を書いてあげることにしています。しばらく続けていると，「名前を自分で書きたい」という気持ちが膨らみ，そこから自分の名前を書くことにも取り組んでいくことにしています。

　トモキは「きょうは，絵本をかりるひだよね」と朝から楽しみにしていました。保育者が「そうね。今日は金曜日だから絵本を借りる日ね。どんな絵本を選ぶか楽しみだね」と言うと，トモキは「もうきめているよ。『ももいろのきりん』だよ」と答えました。保育者は，「みんなで読んだキリカ（お話に出てくるキリンの名前）のお話ね」と言うと，トモキが「うん。すごくおもしろかった」と言いました。絵本を借りる時間になり，絵本カードに名前を書くことになりました。自分で書き始める子どももいましたが，これまで絵本カードに自分の名前を書いたことがないトモキは，いつものように保育者に「かいて」ともってきました。カードを受け取りな

がら，保育者が「アベ トモキくんね。あっ『ももいろのきりん』の『も』とトモキくんの『も』って同じだね」と言うと，トモキも「トモキの『も』が2こもある！」とうれしそうに言いました。保育者が「じゃあ『も』っていう字を一緒に書いてみる？」と言うと，トモキも「かいてみる」とやる気になりました。保育者が「あべ と」まで書くと，トモキはそれに続けて「も」を書きました。保育者は，「いいね。じゃあ最後は『き』」と書きあげました。そして「アベ トモキ」と読むと，トモキは「トモキがかいた」ととてもうれしそうにそのカードで『ももいろのきりん』を借りました。その後，トモキは「も」以外の文字も書くようになりました。

　5歳児になると，文字を読むことだけではなく，書くことへの興味も膨らみます。それには，文字をコミュニケーションのツールとして使っていく経験を積むことが大切です。2学期になると，絵本の貸し出し活動のなかで自分の名前を書くことに取り組んでいきます。トモキは，文字を書くことに積極的ではありませんでしたが，クラスで読んだ『ももいろのきりん』がお気に入りとなり，そこから「も」という字を書くという興味が広がりました。また自分の書いた図書カードで絵本を借りることができたということもうれしい経験となり，「また来週もやってみよう」という気持ちを支えるものとなりました。

■エピソード 7■ 「あれ？　文字が反対かな？」（5 歳児）

　サトシは，恐竜がお気に入りです。図鑑を見ながら，ほとんどの恐竜の名前を覚えていました。この頃になると名前を覚えると共に，その恐竜の名前を書く行為も見られるようになってきます。この日のサトシは，「せいすもさうるすのながさはばす3だい，たかさ2だいぶん」と言葉で発しながら，ひらがなを書き始めました。

　サトシは，毎日お気に入りの恐竜図鑑を見ながら，その恐竜の名称も書き始めるようになりました。しかし，本来の文字と逆に点がつくなど，この頃にし

か見られない文字を表出しています。一般に，この文字を鏡文字と呼びます。
子どもが文字を覚えるようになる過程には，自分の名前や興味をもっている物
の名称などを言葉で言いながら書く姿が見られます。下記の写真は，本エピ
ソードの内容を表しているものです。上段の左から2番目の「い」が「ᴎ」と
逆に書かれています。

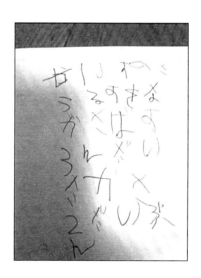

第2節　数量に親しむ

　子どもは，2歳前後を境に少しずつ数字も言うようになります。子どもは，
生活を通してどのように数字を理解していくのでしょうか。エピソードをもと
に年齢と合わせながら考えていきましょう。

エピソード 8　「1・2・3・4・5・6・7・・・」(2歳児)

　ヤスオミは，10まで数えられるようになりました。この日は，ミニカー
を床に並べると「1・2・3・4・5・6・7・8・9・10」と数え始めます。同
時にミニカーを1台1台指さしながら，数と車の数を一致させています。

ところが,「6・7・・・」と言ったときに6台目のミニカーを二度指さしました。ヤスオミは,それにも気づかず10まで数えました。

　この頃になると,ヤスオミは10まで数えられるようになりました。けれども,10まで数えられるようになることと数と物を一致させられるようになることは,同時に発達していないことをエピソードから読み取ることができます。

　エピソードのなかのヤスオミは,数と物が一致する喜びよりも,数を数えられるようになった喜びや数と物が合ってはいないけれども,その行為ができるようになったうれしさを感じているようです。ヤスオミは,この繰り返しのなかで数と物を一致させることができるようになってくるのです。

┃エピソード 9┃ 「にひきいたよ」（2歳児）

　タクヤは,親子遠足のためバスに乗って動物園へ行きました。サル,クマ,トラなど普段かかわりをもつことができない動物や,家庭のなかでも見られる犬,猫などとも触れ合いました。帰りのバスのなかで保育者が,「タクヤ君,赤ちゃんのおサルさんがいたね」と話すと,タクヤは首を縦に振ってうなずきました。保育者が「赤ちゃんのおサルさんは,何匹いたかな？」と尋ねると,タクヤは「2」と右手で示しながら「ふたつ」と話しました。「2」を示した指は,人差し指と中指を立てたり,親指と人差し指を立てたり,小指と薬指を立てるなどなかなか指が「2」に定まらず,左手を使って右手が「2」になるように押さえていました。

　エピソード8では,10まで数えることはできますが,数と物が一致していない例を取り上げました。エピソード9は,保育者がタクヤに赤ちゃんザルが何匹いたかを尋ねると,タクヤは指で「2」を示します。2歳後半になると,1〜5までを数えられることと物の一致が少しずつできるようになってきます。

　このときは,実際,赤ちゃんザルの数は「2」匹でした。タクヤは,単に言

葉で数字を発するだけでなく，指を使って数を示すようになってきました。指で「2」という数にしたいものの指が上手く定まらず，左手で指を押さえていました。この時期の子どもは，言葉で数字を述べるだけでなく，指を用いて数を数えられるようになってきます。タクヤの姿は，一般的に私たちが指で「2」を示す前段階ではありますが，数を数えるときに指を用いることも理解できるようになりました。

エピソード 10 「いくつかさねたら，ちょうどいいかな？」（3歳児）

　「お片づけしましょう」と保育者が声をかけると，子どもたちは少しずつおもちゃを拾いながら，それぞれのかごにおもちゃを入れていきます。「先生，はいらないよ〜」大型ブロックを片づけていた子どもたちが，棚にうまく入れられずに困っていました。大型ブロックは，かごに入れず重ねて棚にしまいますが，ブロックをそのまま棚に入れていく子ども，好きなだけ重ねて入れようとする子ども，たくさん重ねすぎて崩れてしまう子どもなどで，上手く棚に収まらなかったのです。「どうやったら，きれいに入るかな？」保育者は子どもたちに問いかけてみました。「バラバラにいれちゃダメ！」，「こうやって，そろえる！」など子どもたちからはいろいろな意見が出ます。重ねていくことはわかっていても，どのくらい重ねれば上手く入るのかがわからない子どもたちに，「いくつずつ重ねたらきれいに入るかな」，「一緒にやってみよう！」と保育者が提案しました。同じ形の大型ブロックを揃えて重ねながら，「1，2・・もっとかさねられるね！」「1，2，3・・まだだいじょうぶだね」と少しずつ数を増やしていきます。「1，2，3，4，5・・これでぴったりだね！」と，棚に入れるためには5つ重ねるとぴったり入ることがわかりました。「わ〜！ ほんとだ!!」，「1，2，3，4，5だね！」，「じゃ，ぼくやってみる！」，「わたしも！」と，子どもたちはうれしそうに大型ブロックを重ね始め，数を唱えながらまた片づけ始めました。

98 ●

玩具を片づける時，ぬいぐるみ・ままごと・ミニカー・積木などはそれぞれのマークがついたかごに分けて入れていきます。「同じ仲間は，どれかな～」などと保育者が声をかけ，分別することも楽しむようにしています。大型ブロックは，かごに入らないため，重ねて棚にしまいますが，新入園児にはとても難しいことでした。初めのうちは，保育者が一緒に行いながら，棚に収めるようにしていましたが，少しずつ子どもたちが自分でやってみようという気持ちをもてるように，1人の子どもの声をきっかけに，保育者がみんなで考える場をつくりました。重ねることは理解していても，いくつ重ねればちょうど棚に入るのかを考えるために，保育者が子どもたちに声をかけます。子どもたちは，みんなで一緒になって数を唱えることをとても楽しんでいました。いくつ重ねればぴったり入るのかをわくわくしながら待っているようでした。その後，子どもたちは大型ブロックを喜んで片づけるようになりました。自分で重ねて，自分で数えて，それがぴったり棚に入ると満足そうにうなずいていたり，「先生，できたよ！」と自慢げに報告する子どももいました。また，片づけるときだけでなく，遊びのなかでもブロックを積んで片づける遊びがみられるようになっていきました。数を数えることと，指さしが合わない子どももいましたが，繰り返しやっているうちに，だんだん上手になっていきました。子どもたちが楽しんで行うことが，数に親しむ良い経験になっています。

エピソード 11 「きょうは，何人かな？」（4歳児）

帰りの時間に，グループの当番の子どもが，手紙配りの仕事に取り組み始めてしばらくした時のことです。保育者がグループごとに出席ノートを配り終え，「今日は手紙があります」と声をかけると，当番の子どもが自分のグループの手紙をとりにきました。マーガレットグループの当番のサキは，「マーガレットグループ4枚ください」と張り切って言いました。保育者が「1枚，2枚，3枚，4枚」と数えてサキに渡しました。サキはグループの仲間のところに戻り，グループの友だちに1枚ずつ手紙を配りました。サキが「あれ？」と自分の手に残った1枚の手紙を見ながら，ちょ

っと困って言いました。すると同じグループのコウタが「きょうは，タク
ミくんがやすみだよ」と言いました。サキも「そうだ，タクミくんがおや
すみだった」と気づき，保育者のところにその手紙をもって行きました。
保育者が「1枚多かったのかな？」と聞くと，サキは「そう。だってタク
ミくんがおやすみだったから。きょうは，コウタくんとアンナちゃんとわ
たし」と指を折りながら数えました。保育者が「全部で何人？」と聞くと，
サキは「さんにんだ」と言いました。保育者が「そうだね。今日はタクミ
くんがお休みだから，マーガレットグループは3人だね。そうすると手紙
は何枚？」と聞くと，サキは「3枚だ」と言いました。

　園生活をすすめていく単位として，保育者が4人〜5人のグループを編成し
ていくこと，またグループで取り組む仕事やグループ内の当番の仕事にも順番
に取り組んでいくことを大切にしています。そして，知識として数量について
学ぶのではなく，活動の取り組みのなかで，面白さや便利さに気づき，興味を
もつことが幼児期の数量との出会いとなるのです。一対一対応と集合という数
の理解の基礎を，生活のなかで身につけることができる環境を整えることが大
事です。4歳児では，4という数を理解するために，グループでの活動が大き
な意味をもっています。

エピソード 12　「ドッジボールしよう！」（5歳児）

　タイヨウが，「ドッジボールしよう！」と四角く描いた“コート”に立
って声をかけると，友だちが集まってきました。「こっちがオレのチーム
ね」とタイヨウが言うと，「じゃあ，こっちはオレのチーム」とシンヤが
言い，2人のリーダーが決まります。2人は友だちに向かって「オレのチー
ムはこっち（にあつまって）」と声をかけ，子どもたちはそれぞれ自分の入
りたいチームのリーダーの方へ分かれました。「そっち何人？」とタイヨ
ウが聞くと，シンヤは自分の方へ集まった子どもの人数を「1・2・3・・・」
と数え，「8人！」と答えます。タイヨウが自分のチームの人数を確認す

ると7人だったため,「じゃ,あと1人だ」,「だれかドッジボールやるひ
と〜!」とタイヨウは再度友だちを誘いました。タイヨウの声を聞いた友
だちが1人加わり,両チームの人数がそろいます。元外野と内野を決めて,
そこでも人数を合わせました。審判は保育者が行います。「ピッ!」と笛
が鳴って,ドッジボール遊びが始まりました。

　子どもたちは,「あたった〜!」,「あたったら,でるんだよ」,「もとが
いやのひと,はいって〜」などと言葉を交わしながら,ドッジボールを楽
しみました。「ピッピー!」という保育者の笛を合図に,ゲームは終了。
保育者は「外野の人,座ってください」と声をかけ,「タイヨウくんとシ
ンヤくん,何人残っているかな?」と聞きました。タイヨウが「3人」と
言い,シンヤが「2人」と言うと,「やった〜!!」,「かった〜!!」とタイ
ヨウのチームがジャンプをしながら喜びました。シンヤのチームはとても
残念そうな表情をみせていましたが,「もういっかいやろう!」と誰かが
言いだすと,「やろう! やろう!」とあっという間に気持ちが切り替わり,
またドッジボール遊びが始まりました。

　年長になると,クラスでドッジボール遊びをします。はじめは,保育者が中
心となって,ルールを教えながら進めますが,しばらくすると子どもたちが自
分たちでドッジボール遊びをするようになります。これは,子どもたちが自由
遊びのなかでドッジボールを行った場面です。ドッジボールでは,何人がボー
ルにあたらないで残るかが勝負なので,はじめにチームの人数を合わせなけれ
ばなりません。タイヨウは,それをよくわかっていて,人数調節をしていまし
た。保育者は審判としてかかわりますが,遊びのなかでは保育者が主導せず,
子どもたちに考え,話し合わせ,自分たちで人数を数えたりする機会をつくり
ます。最後にどちらが勝ったかを確認する時にも,子どもたちが自ら数えるよ
うに声をかけました。タイヨウとシンヤだけでなく他の子どもたちも,内野に
残っている友だちを数えていました。みんな,勝ったチームについてとても気
になっている様子でした。年長になると,数を数えることだけでなく,その数

の意味や差，それによるゲームの勝敗を理解するようになっていきます。子どもたちは遊びのなかで，自分の興味のあることを行いながら，数にかかわり，自然と数の数え方や使い方を覚えていくのです。

第3節　図形・標識に親しむ

　子どもは，どのような環境のなかで図形や標識を理解していくのでしょう。エピソードをもとに年齢と関連づけながら理解しましょう。

エピソード 13　「みぎてをあげて」（2歳児）

　マオは，うさぎ組の友だちと一緒に，散歩用のロープにつかまりながら散歩に出かけました。保育者たちは，列の前と後ろに位置しながら公園に向かいます。途中，横断歩道があると，マオは急に右手を上げて堂々と横断歩道を歩き始めます。

　保育者たちが「マオちゃん，上手」と話すと，マオの周りにいる子どもたちもマオを見るなり右手を上げ始めました（散歩用のロープを右手にもっている子どもは左手を上げた）。マオは，横断歩道を渡り切ったところで右手を下ろし，友だちとニコニコしながらいつもの散歩コースを歩いて行きました。

　マオは，散歩コースの公園へ向かう途中，横断歩道を見ると右手を上げました。これは，散歩に出かけたときに横断歩道を渡る場合には，「手を上げましょう」と日々，保育者が声がけしているからでしょう。この積み重ねによって，マオは横断歩道を渡る瞬間に右手を上げ始めました。このように日々の生活のなかで，横断歩道をはじめ標識なども認識していくのです。本来，右手を上げて横断歩道を渡ることが一般的ではありますが，散歩に行くときには友だちと2人組になって手をつないでいることから左手を上げる子どももいます。保育者は，このことも配慮しながら，子どもたちに横断歩道を渡るときには言葉がけをする必要があります。

エピソード 14 「かさねてかさねて」（3 歳児）

　タクマは，積木を 3 〜 4 個重ねては崩して遊んでいました。何度も重ねては自分の手で“ちょん”と押し，がしゃがしゃと崩れているのをみて大喜びをしていました。それを見ていたユウトが「ぼくもやる〜！」と言って近づき，タクマのまねをして隣で同じことを始めます。2 人は，それぞれが自分の積んだ積木を崩しては，互いに顔を見合わせて喜んでいました。しばらくすると，タクマは自分の積木ではなく，ユウトの重ねている積木に手を出し，崩してしまいました。タクマは大喜びでしたが，ユウトはがっかり。しかし，今度はユウトがタクマの積木を崩します。タクマは一瞬驚いた表情を見せましたが，その後，2 人は目を合わせて，笑い出しました。すると今度はユウトが「いっしょにやろうよ！」と言い出します。「うん，そうだね！」そう言って 2 人は一緒に積木を重ね始めました。お互いにいつ崩していいのかタイミングを伺っているようで，積木はだんだん高くなっていきます。2 人で重ねていると，近くにあった積木がなくなったので，タクマは積木を箱まで取りに行くと，三角の積木をもってきて（角を上にして）重ねました。ユウトが「三角だと，のせられなーい」と言うと，タクマは「あ，そうか！」と言って，今度は四角を探してきます。2 人はだんだんと高く積みあがっていくのが面白くなり，積木を選んではそっと重ねていきました。そして高く高く重ねられた積木は，バランスを崩して倒れ，2 人は「きゃー!!」と大喜びで笑いました。

　タクマは，積木を“崩す”遊びがお気に入りで，たびたび行っていました。友だちのまねをするのが好きなユウトは，この日もタクマが楽しそうにやっている姿に気づき，一緒にやり始めました。2 人は初め，それぞれが自分の重ねた積木を崩しては，互いに顔を見合わせて喜んでいましたが，そのうちに相手の積木を崩したくなっていきました。人に崩されるのはあまり気持ちのいいことではありませんでしたが，お互いにしたことで 2 人は納得したように笑顔をみせていました。そしてそれをきっかけに，2 人は一緒に積木を重ねていきま

す。お互い，相手に崩されると嫌だと思った経験の後だったためか，重なって
いく積木をなかなか崩そうとしませんでした。そのため，積木はどんどん高く
なっていき，2人は高く積み上げていく面白さを感じていきます。自分で積ん
でいるときは，“重ねる”ことに興味がありませんでしたが，高く積み上げよ
うとしてからは，どうすれば上手く重なるかを考えているようでした。“崩す”
遊びの時には，近くにある積木を手に取っていましたが，“重ねる”遊びの時
には，形を見て選んでいる様子がみられました。四角が少なくなってくると，
丸や三角でも，向きを変えれば重なる（平面を上下にする）ということもわかっ
てきたようです。子どもたちはこうして遊びのなかで，丸，三角，四角（○，△，
□）などの形に触れ遊びながら形の関係を理解していくのです。

エピソード 15　「おふろやさんのえんとつと『ゆ』」（5歳児）

　夏休みが終わり，年長組ではお泊り保育の相談が始まりました。夕食の
カレー作り，キャンプファイヤー，花火・・・とみんなでやりたいことを
あげていきました。するとコウキが「おふろはどうするの？　ようちえん
には，おふろないよ」と言いました。タケルが「ぼく，おふろやさんをし
っているよ。すごく大きいからみんなではいれる」と言いました。保育者
が「みんなで入れるおふろがあるの？　それはいいね。みんなはおふろや
さんを知っているかな？」と聞くと，半分位の子どもが知っていました。
そこで『おふろやさん』の絵本を読んでみることにしました。するとタケ
ルが絵本の表紙の煙突を指さして「こういうのとおなじのがある」と言い
ました。保育者が「これは，おふろやさんの煙突だね」と言い，ページを
めくっていきました。子どもたちは楽しい絵を見て，「おふろやさんにい
こう」とすっかりその気になりました。保育者が「みんなで本当に行ける
か見に行ってみよう」と提案しました。それからタケルに道案内をしても
らいながら，煙突を探しながらおふろやさんを見にいくことにしました。
　しばらく歩くと絵本と同じような煙突が見えてきました。煙突にはおふ
ろやさんの名前と銭湯マーク「♨」が書いてありました。保育者が「あの

マークはおふろやさんってことだよ」と話しました。おふろやさんの入口に着くと，子どもたちが「なんかかいてある」と言いました。保育者が「『ゆ』って書いてあるんだよ。お湯の『ゆ』だね。これもここがおふろやさんってことだよ」と説明しました。すると，ユウコが「ゆうこの『ゆ』とおんなじだ」と言い，さらにリュウイチも「ぼくにも『ゆ』がある」とうれしそうに言いました。おふろやさんに行くということから，銭湯マーク「♨」や「ゆ」という文字にも興味をもつことになった子どもたちでした。

　文字の読めない子どもや文字の読める子どもにとっても，絵やマークで示された標識はわかりやすくて，それ1つで意味を読みとることができます。このエピソードの年長児は，クラスでおふろやさんに行く楽しみが共有され，下見に出かけたところ，煙突に書かれた銭湯マーク「♨」にとても興味をもちました。おふろの湯気がイメージでき，わかりやすかったからでしょう。また入り口の窓に大きく書かれた「ゆ」という文字も，ひらがな1文字でその意味を伝えることができたため，そこにも興味をもちました。特に自分の名前にも「ゆ」という文字があるユウコやリュウイチは，うれしくて誇らしげにしていました。

　子どもの主体的な生活を支えるものとして，このようなわかりやすい標識を取り入れることはとても大切なことです。

エピソード 16　「お寿司やさんの開店準備」（５歳児）

　年中組を招待しての「お店やさんごっこ」をクラスの活動として取り組むことになりました。みんなで相談し，「お寿司や」，「お弁当や」，「お菓子や」「おしゃれや」の４つのお店に決めました。そして，それぞれのお店ごとに開店までの見通しを紙に書きながら考えていくことにしました。保育者が「どんな順番でお店やさんの準備を進めていくかを考えるんだよ」と言うと，ケイコが「どうぶつのしごとのじゅんばんとおなじだね」と言いました。保育者が「そうね。仕事の順番と同じように，最初にやること，その次にやることって考えられるかな」と聞くと，同じお店の子どもたちも「うん」とうなずきました。それから「はじめにおすしをつくる」，「おすしにもいろいろある」，「じゃあ，いくらのおすしからつくろう」，「そ

> のつぎはまぐろにしよう」・・・と考えていきました。それを保育者が紙
> に書いていきました。するとアユミが「まぐろってどういうの?」と聞き
> ました。ユキヤが「あかいさかなのおすしだよ」と答えると，これまでお
> 寿司やさんごっこで使っていたまぐろのお寿司をもってきて見せました。
> ユキヤが「ほら，こういうのだよ」と見せると，アユミも「わかった」と
> 言いました。そこで保育者が「こういうお寿司ってわかるように，紙に作
> ったお寿司も貼っておこう」と提案しました。子どもたちも面白がって，
> 準備の順番を書いた紙にお寿司を貼りました。それを確認しながら，お店
> やさんの準備を進めていくことになりました。

　子どもたちが自分たちの生活を自分たちで進めていけるように，「目で見て
わかる」さまざまな環境を整えることは大切なことです。たとえば，年長組で
はグループの仲間と取り組む動物の世話の仕事を自分たちで進めていけるよう
に，仕事の手順が書かれている表が小屋にかけてあります。仲間とやり方を共
有し，見通しをもって取り組むことができ，また最後にはすべての仕事をした
かどうかについて，表をみながら確認をすることもできます。その有用性に気
づいた子どもたちは，仕事以外の場面でも，そのやり方を取り入れ，仲間と目
的を実現する経験を積んでいきます。「お店やさんごっこ」の活動では，仲間
と開店までの見通しをもち，確認しながら進めていくために，また自分のお店
のことだけではなく，他のお店の進み具合も把握できるように，お店ごとの計
画表を作り，それを活用していくのです。

第4節　この章で学んだこと

　この章の前提として考えなければならないことは，保育者が子どもに文字，
数，図形・標識を覚えさせたいために知識を与えるのではなく，子どもが生活
に必要なことを援助しているということです。
　文字に関しては，初めに自分の身近な物から名称を覚えるようになり，さら

には自分の名前の文字を理解していくという変化がエピソードからみられます。「文字に親しむ」という項目の前半では，絵本を媒介にやりとりがされています。特に2歳ぐらいまでは，物の名称を理解することも含めて図鑑の役割が重要になってきます。図鑑は，子どもたちの身のまわりの物が絵とともにカテゴリー分けされて載っています。子どもたちは，自分の興味や関心があるカテゴリーのページを開きながら名称を言葉で言うため，多くの図鑑は乳児でも見開きが可能な厚手の紙を使用しています。その後，3歳以降になると最も身近な自分の名前の文字から理解していくようになっていきます。それには，絵本から知識を得たり，生活のなかで（エピソード4参照）理解していくようになります。さらには，文字を書くという段階に入っていきます。保育者が，文字を書くときに援助をすることはとても大切です。同時に文字を書くときにみられる傾向として，鏡文字が特徴の1つです。子どもが文字に親しみをもつとき，保育者がどう対応し，どんな物を設置しておくかが重要になってきます。

　次は，「数量に親しむ」です。この項目は，前項の「文字に親しむ」にも共通する点があります。子どもが，数を数えられるようになることは，生まれてすぐにできる行為ではありません。言葉の発達ともつながっています。エピソード8にもあるように，子どもは数が数えられたからといって，数と物を一致させられるわけではなく，それには時間がかかります。

　乳児期から幼児期においても，数字の1～5は，6以降よりも覚えやすいようで，遊びを通して「1・2・3・4・5」などと言っていることもありました。1～5の数字を言葉で表出できるようになると，指を用いて数字を表すようにもなります。子どもの発達は，次から次へと順序よく発達するわけではなく，行きつ戻りつしながら発達しています。図鑑は，数字が書かれているだけでなく，その数字と同じ数だけ物が描かれています。子どもたちは，図鑑を通して数字と数を合わせて理解することができます。文字と同様，数字を理解した頃に数字を書くことに興味をもつでしょう。

　最後の項は，「図形・標識に親しむ」です。これらに共通する点は，子どもたちが生活のなかで理解していくということです。エピソード14とエピソー

ド16は園生活の遊びのなかから，そしてエピソード13の横断歩道の内容やエピソード15のおふろやさんの煙突の銭湯マーク「♨」や「ゆ」などの経験は園外の活動でというように，子どもたちはさまざまな環境を通して理解するようになります。

　本章では，エピソードをもとに子どもが発達する段階で保育者はどのような援助を行い，どのような環境設定が必要であるかを確認できたのではないでしょうか。冒頭にも書いたように，文字や数量，図形・標識などの知識を子どもに与えるのではなく，子どもが生活を通して必要なことを保育者は援助し，興味関心をもてるような環境設定をすることが保育者の役割であることを認識しておくことが必要でしょう。

※謝　辞

　本章のエピソードの一部は，学校法人佐藤学園東立川幼稚園園長浅生浩美氏と学校法人内野学園清瀬ゆりかご幼稚園主幹教諭柳本亜紀氏より提供いただきました。

・・・・・・・・・・・・・・・・・・・ 引用・参考文献 ・・・・・・・・・・・・・・・・・・・

河原紀子監修・執筆『0歳〜6歳子どもの発達と保育の本』学研教育出版，2011年。
民秋　言編『幼稚園教育要領・保育所保育指針の成立と変遷』萌文書林，2008年。
中川和子『新版　幼児の科学教育』国土社，1986年。
無藤　隆監修，岩立京子編著『事例で学ぶ保育内容　領域人間関係』萌文書林，2007年。

第5章　確認問題

次の文章が正しければ○を，誤っていたら×を記入しましょう。

1．2歳児になると，ひらがなで書かれた自分の名前は読めるようになってくる。また，自分の名前だけでなく，生活に必要なクラスやグループの名前，または友だちの名前などにも興味をもち始め，徐々に読めるようになる。

2．子どもが文字を学ぶ過程で，本来の文字と逆に点がつくなど，この頃にしか見られない文字を表出することがある。一般に，この文字を逆さ文字と呼ぶ。

3．5歳児になると数を数えることだけでなく，その数の意味や差，それによるゲームの勝敗を理解するようになってくる。

4．絵やマークは，文字の読めない子どもや文字の読める子どもにとってわかりやすい。なぜならば，絵やマークで示された標識は1つで意味を読み取ることができるからである。

5．子どもは，文字や数字を理解した頃になると，文字や数字を書くことに興味をもつ。

コラム
Column 園では，何をどこまで教えるか？

　子どもたちを取り巻く環境のなかには，文字や数字，標識などがたくさんあります。小さいクラスでは，まだ文字が読めないために，自分のマークとして絵が使われています。次第にその絵が名前の代わりであることに気づき，文字への興味が広がります。また，絵本を読んでもらうことを繰り返し，文字のもつ意味がわかり始めると，名前や絵本を自分で読んでみたくなります。大人が教え込むのではなく「知りたい」「読めるようになりたい」と思うような環境づくりや保育者の援助が大切になってくると思います。

　「数」との出合いは「10 数えたら交代ね」と数えたり，自分の誕生日に「〇歳になった！」と数字に触れたりすることも多いのではないでしょうか。唱えるようにたくさんの数を数える子どももよくいますが，数の概念への理解はなく，音の楽しさや友だちと声を合わせることの面白さが先にあることも多いと感じます。子どもたちの遊びや生活で使われている数字が，どのような役目を果たしているのかを知り，その必要性を感じて使えるようになってほしいと思います。

　「できる」ように教えるのではなく，さまざまなモノと出合い，子ども自身が興味・関心をもってかかわり，試したり考えたりするなかで，「面白そう」と感じ「なんで」「どうして」と思う好奇心が育つような経験を積み重ねることが，次への学習意欲につながっていくのではないかと思います。

園の環境について学ぼう

本章のねらい

これまで見てきたように，子どもたちは自然との触れ合いや遊びのなかで物とかかわることを通して，さまざまな事象や物への興味や関心をもち，発見を楽しんだり，試したり，考えたりしながら知的好奇心や探求心などを育んでいきます。こうした体験を得ていく場として重要な園の環境について考えてみましょう。

子どもたちが安心できる空間のなかで，友だちとかかわりながら遊びや生活を豊かに展開できるようにするために，園舎内外の環境をどのように整え，場や空間をどう活かしていけばよいでしょうか。本章ではこうした視点から，保育室や園庭をはじめとした園の環境について学んでいきます。

① **子どもにとって園の環境のもつ意味を知りましょう。**

友だちと一緒に戸外で思い切り遊べる場所が少なくなっているなかで，子どもたちにとって園の環境がどのような意味をもっているのか，その重要性について考えましょう。

② **園庭の環境について学びましょう。**

園庭に必要な機能（スペース）について学び，エピソードを通して，子どもたちの遊びが豊かに展開されるための園庭環境のデザインや遊具の工夫について考えましょう。

③ **保育室をはじめとした園舎内の環境について学びましょう。**

友だちとかかわりながら主体的に生活や遊びに取り組む場である保育室の環境について，乳児・幼児それぞれの発達に応じて配慮すべき点を学びましょう。また，子どもたちが遊び込めるようコーナーや動線の工夫，共有スペースの活用について考えましょう。

第1節 子どもにとって園の環境とは

　自由に遊べる空間と，たっぷり遊べる時間，そして一緒に遊ぶ仲間の，いわゆる3間（さんま）がない，と言われるようになって久しいですが，少子化や都市化の進行に伴って，その傾向はますます強くなっています。地域のなかで，友だちと一緒に安全に，自由に遊べる場所が少なくなっている現在，幼稚園・保育園・こども園の園舎や園庭のもつ意味は大きいといえるでしょう。子どもたちにとって園の環境は，まず，「安全で安心できる生活の場」であり「豊かな遊びが展開できる場」，「友だちとのかかわりを育む場」であるといえます。

　幼稚園教育要領には次のように書かれています。
　「幼児は安定した情緒の下で自己を十分に発揮することにより発達に必要な体験を得ていくものであることを考慮して，幼児の主体的な活動を促し，幼児期にふさわしい生活が展開されるようにすること。」(「幼稚園教育要領」第1章総則　第1節幼稚園教育の基本)
　また，保育所保育指針には，「保育所は，（中略）入所する子どもの最善の利益を考慮し，その福祉を積極的に増進することに最もふさわしい生活の場でなければならない。」と書かれています(「保育所保育指針」第1章総則　1保育所 保育に関する基本原則 (1) 保育所の役割)。
　このように，園は，乳幼児期の子どもにとってふさわしい生活の場でなければならないのです。くつろぎと温かさを感じる空間で，子どもたちが安心して自発的，主体的に活動できる環境づくりが求められます。
　子どもたちは，慣れ親しんだ，安心できる空間のなかだからこそ主体的にまわりの環境や物事にかかわっていくことができます。「なんだろう？」「ふしぎだな」「おもしろそう」「やってみたい」という好奇心が芽生え，繰り返し体験することを通して，「おもしろかった。もっとやってみたい」「どうなっているのかな」「ためしてみよう」という気持ちを味わい，探究心へとつながってい

くのです。このように，園舎や園庭をはじめとする園内外の身近な環境に子ど
もたちが興味をもって生き生きとかかわっていくことが大切です。

　そういう意味で，園舎，園庭の環境は，「どんな保育がしたいのか」という
保育者たちの思いや願いが込められた，その園の保育観を体現したものといえ
ます。

　子どもたちの遊びや生活が豊かに展開されるためには，園舎や園庭の場や
物，空間を生かす工夫が大切です。そのためには，保育者の子どもの心の動き
を見つめる目と感性や，環境をデザインする力が問われます。子どもたちの健
やかな心と体，好奇心や探究心が豊かに育まれるように園舎，園庭の環境をつ
くり上げていきたいものです。

第2節　園庭の環境を考える

　太陽の下で風を感じながら，土に触れ，動植物に触れて遊べる園庭は，子ど
もたちの成長にとって欠かせない環境です。先にも述べたように，地域のなか
で子どもが安心して力いっぱい遊べる場所が少なくなっている現在では，園庭
のもつ意味はより大きくなっています。

　園庭の環境を考える時，次の3つのスペースが必要と考えられます。

　1つは，思い切り体を動かして遊べるスペースです。鬼遊びや，ドッジボー
ル，サッカー，リレー，縄跳びなどの運動遊びを集団で展開できる，一定の広
さがあるスペースです。

　次に，固定遊具のスペースです。砂場，ブランコ，すべり台，ジャングルジ
ム，鉄棒，総合遊具（アスレチック），小屋などの，一度設置すれば動かすこと
のできない遊具です。それだけに，それぞれの遊具の特性や子どもの発達，動
線などを考慮して配置することが必要です。

　3つ目は，花壇や畑，雑草園，ビオトープなど，自然との触れ合いが楽しめ
るスペースです。

　この他にも，築山，トンネルなど，園庭を立体的にデザインすることもあり

ます。

　さらに，園庭の環境の重要な要素として，三輪車などの乗用玩具や可動遊具があります。これらを子どもたちが自由に使えるように，出したり片付けたりしやすい工夫が必要です。

　子どもたちは，園庭のさまざまな場や遊具を遊びの拠点にし，友だちと一緒に創造性豊かに遊びを展開していきます。

　以下のエピソードから，子どもたちが，園庭の環境に自らどのようにかかわり遊びを展開しているのか，そのなかで何を学び，友だちとのかかわりをどのように育んでいるのかを考えてみましょう。

（1）広いスペースで思い切り体を動かして遊ぶ

エピソード 1　「鬼ごっこしよう！」（4歳児）

　4歳児のユウトは，登園後の身支度を終えるとすぐに，「島鬼する人！」と友だちを誘います。その声に，それまで室内で遊んでいた子どもたちも「うん，やる！」と，急いで玩具を片づけ，外に出ます。少しくらい寒くても，子どもたちは外遊びが大好きです。

　外に出ると，「高鬼がいい」という子もいてなかなか決まりません。「どうする？　じゃんけんで決める？」「いやだ」とユウト。アカネが，「ユウト君が，最初に島鬼っていったんだから，最初，島鬼すればいいじゃん」と提案すると，他の子も「じゃあ，1回やったら次は高鬼だよ」と，話し合いで順番にすることになりました。

　「先生，島かいて！」と言うので，ラインカーで島を描き，「鬼が10数える間に他の島に行かなくちゃいけないのよね？」と，ルールを再確認できるよう声をかけました。園庭中を所せましと走り回る子どもたち。鬼にタッチされてもまだ逃げているケンタに「先生，捕まえたのに鬼になってくれない」とショウ。保育者の援助が必要な，そんな場面もありますが，みんなで全身を思い切り動かして遊ぶことが楽しくてしかたない様子で

す。少しすると,「先生,あつくなっちゃった」と,次々に上着を脱ぐほどでした。

みんなで鬼ごっこ

さまざまに体を動かして遊べる広い園庭

このように,思い切り体を動かして遊べる広いスペースがあると,鬼ごっこやサッカー,ドッジボールなど,ルールのある遊びを友だちみんなと一緒に楽しむことができます。

走ったり,跳んだり,ボールを投げたり,蹴ったりすることを楽しみながら,子どもたちは運動機能を伸ばし,さまざまな身のこなしや敏捷性などを身につけていきます。同時に,挑戦したり,競い合ったり,協力したりしながら,遊びを通してルールを守ることを学んでいきます。保育者は,ラインを引くなどして子どもたちと一緒に遊びの場づくりをし,また,必要に応じてルールを知らせたり,仲立ちしたりして,子ども同士の仲間関係を育てていくことが大切です。

（2）砂場（固定遊具）で遊ぶ

エピソード 2　「砂遊び大好き！」（3歳児）

「お砂やりたい！」と,園庭に出るとまっすぐ砂場に行き,遊び始める子どもたち。シャベルを手に砂を掘っては積み上げながら,砂の感触を楽しんでいるナナミ。サラサラと砂がこぼれる様子や,手でトントンとたた

いて少しずつ固まる様子を繰り返し楽しんでいます。そこへ，リョウが「お山つくろう」と，そばにいた友だちに声をかけ，数人でお山づくりが始まりました。表面の砂をかけているナナミに「白砂じゃだめだよ。黒い砂じゃないと固まらないからお山にならないよ」とリョウ。シャベルで穴を掘って深いところの砂を積み上げては，4歳児のまねをして途中でトントンと手で固めています。担任が，「すごい！ 大きなお山ができたね」とほめると，「もっと大きくしよう！」と，みんなでスコップやシャベルで砂をかけては固めることを繰り返し，遊びがさらに盛り上がっていました。

　サヤカは，カップに砂をつめて砂場の縁にいくつも並べ，プリン作りに夢中です。「ケーキも作ろうよ」と保育者を誘って，一緒にバケツに砂をつめてひっくり返します。園庭に落ちている椿の花びらや葉っぱを飾って，おいしそうなケーキが出来上がりました。ろうそくに見立てた木の枝をケーキにさして，「♪たんたん たんたん たんじょうび〜」と，誕生日ごっこが始まりました。そばで遊んでいたリナも加わります。

　「だれのたんじょうび？」と尋ねると「サヤちゃんの！」。「こんどはリナね」と，繰り返し歌っては，ろうそくを吹き消すまねをして楽しんでいます。

　園庭の固定遊具の代表的なものは砂場です。このように，砂場では砂の感触を楽しみながら一人遊びをじっくり楽しむ姿や，友だちと一緒に山やトンネル，川などを作る活動が繰り広げられます。保育者とのつながりを感じながら，友だちのなかで安心して自分のやりたいことを楽しむ様子が見られます。

　慣れてくると水も使って，こねてだんごやケーキなど，さまざまな物に見立てて作っては壊す遊びを楽しんだり，お店屋さんなどのごっこ遊びに発展させて遊んだりする姿が見られます。工事ごっこやダム作りなど，友だちと協力しイメージを共有してダイナミックに遊ぶ姿も見られます。

　このように砂場は，1人でも集団でも遊ぶことができ，多様な遊びを可能に

する環境です。砂場用玩具だけでなく，といやパイプ，木片などの道具を用意
し，園庭の草花や木の実などの自然物も活用できるようにすると，子どもたち
のイメージが広がり，遊びがより豊かに展開します。

　水道の位置と砂場の配置にも工夫が必要です。少し離れた場所にあることで
次のエピソードのように，子どもは水を運ぶこと自体を楽しみながら，どうす
れば上手に水をこぼさずに運べるか，容器や水の量を試したり，工夫したりし
ながら体得していきます。

エピソード 3　　どうすればこぼれないかな？（3歳児）

　　子どもたち数人で砂場に大きな穴を掘り，池を作っています。そこに水
を運んでいるカズト。最初は，小さなカップで運んでいましたが，穴に水
を入れるとたちまち砂に吸い込まれてしまいます。なかなか水が溜まりま
せん。「これじゃだめだ。こっちにしよう」と，今度は，洗面器で運び始
めました。洗面器いっぱいに水を入れ両手でもって，水場から砂場まで慎
重に歩いていくのですが，途中で水がこぼれてしまいます。何度か同じこ
とを繰り返しながら，そのうち洗面器に半分くらい入れて「これならこぼ
れない」と，うれしそうな表情で何度も水を運ぶことを楽しんでいます。

友だちと協力して山をつくる

土，水，泥の感触を楽しみながら
泥だんご作り

　このように子どもたちは砂場で，開放感を味わいながら砂や水の性質を感じ取り，さまざまな用具や素材，自然物を使って造形的な遊びを展開しながら友だちとのかかわりを深めていきます。

　なかには，それまで砂遊びの経験がないために，砂の感触を嫌がったり，服や手が汚れることに抵抗のある子どももいます。保育者が楽しそうに砂に触れながら遊びに誘ったり，他の子どもが遊んでいる様子に目が向くよう言葉がけしたりしながら，抵抗感を取り除くようにしましょう。また，事前に砂場のなかに危険なものがないか点検するとともに，定期的に砂場を掘り返して消毒し，使用しないときは猫などが入らないように，ネットやシートをかけるなど，安全・衛生面の配慮が必要です。

　砂場の他に，園庭にはさまざまな固定遊具が設置されています。すべり台やブランコは，スリルと面白さを味わうことができ，子どもたちにとって身近で魅力的な遊具です。ジャングルジムや鉄棒は，運動能力を必要とするので挑戦する楽しさや，できなかったことができるようになった時の達成感が味わえる遊具です。ジャングルジムは，基地などに見立てられ，遊びの拠点にもなります。大きな木がある園庭の環境を活かしてツリーハウスを作ったり，アスレチック遊具を設置している園もあります。

　こうした遊具を配置する際には，子どもの心身の発達状況やそれぞれの遊具の特性を考慮し，子どもの動線を考えた上で配置することが大切です。また，遊具のねじがはずれかかったり，腐食しかかったりしているところはないか，木製の遊具はささくれがないかなど，日常的に安全点検を行う必要があります。こうした，安全面の配慮がゆきとどいた環境のもとで，子どもたちは充実感を味わいながら，伸び伸びと遊びを展開することができるのです。

【さまざまな園庭の固定遊具】

雑草の原っぱに小屋とツリーハウス

アスレチック

大きな木の空洞や小屋も遊びの拠点に

築山とトンネル

（3）自然との触れ合いを楽しむ

　園庭の多様な自然環境も，子どもにとって大切です。花壇に植える草花や畑で育てる野菜は，子どもたちが種をまいたり苗を植えたりし，水やりの世話をして，花が咲き，実がなるまでの生長過程を楽しむことができます。そうした体験を通して身近な自然への興味や関心を育んでいきます。

┃エピソード 4┃ 自然との触れ合い，異年齢児との触れ合いを楽しむ（1歳児と5歳児）

　園生活がスタートして1ヶ月。入園当初は，泣いて不安そうにしていた，1歳児の子どもたちも，園庭に出ると気分が変わるようです。トコトコと好きなところに歩いて行っては，花壇のそばにしゃがみこんで草花を見たり，雑草を摘んだり，保育者と一緒に虫を探したりして，笑顔が見られる

ようになりました。そんな姿を見て，5歳児のカナやユウカたちがそばに来て，顔を覗き込んでそうっと頭をなでたりしています。

　同じ5歳児のショウタやケンタたちは，ダンゴムシ探しに夢中です。シャベルを片手に，バケツにダンゴムシを集めては，「先生みて！」と目を輝かせてもってきます。

　1歳児の子どもたちも近寄ってきて，興味津々といった表情でバケツを覗き込んでいます。

　園庭では，このような光景がよく見られます。自然な異年齢の触れ合いを通して，小さい子は大きい子への憧れをもちます。年長児には，自分より小さい子に対する優しさや思いやりが育ち，自分が大きくなったことへの自信がもてるようになります。こうした異年齢交流の意味を職員間で共有し，子どもたちの自然な触れ合いを見守っていきたいものです。

　花壇だけでなく雑草園があると，摘んでままごとの材料にしたり，色水遊びに使ったりすることができ，遊びが豊かになります。また，虫が生息するようになると虫取りなどさまざまな経験が広がります。

　次のエピソードは，畑で育てた野菜を食べるまでを記録したものです。子どもたちが何を体験しているか考えてみましょう。

エピソード 5 「46本もとれたよ！」（5歳児）

　畑に植えた野菜がどんどん伸びてきました。当番活動で水やりをしながら，子どもたちは変化を観察し生長を楽しみにしています。

　アキラ「里芋の葉っぱに水をかけたらビー玉みたいになったよ」。「ミミズが出てきたよ」という声に触ってみようと挑戦する子も。タクヤ「たいへんだ！ チンゲン菜の葉っぱが虫に食べられちゃった！」ミオ「虫が食べちゃうくらいおいしいんだね」と，毎日，発見の連続です。

　そんななか，今年初めて種から育てたキュウリに花が咲き，小さな「赤ちゃんキュウリ」がいくつもできました。数日後，水やり当番のシュンス

ケが「昨日より大きくなってる」と報告をし,「先生,明日はとれるんじゃない?」みんな収穫を楽しみにします。

「明日はキュウリを収穫して調理して食べよう」と,帰りの会で話をすると,サトシが「食べるのもったいないなあ」。すかさず,ミオが「じゃあ,絵に描いとけばいいじゃん」。「いい考えだと思うけど,みんなどう思う?」と担任が問いかけると,それがいいということになりました。

翌日,収穫したキュウリ4本を白い画用紙に乗せ輪郭を型どりし,クレヨンで塗ります。グループで1本ずつのキュウリを洗って皮をむき,包丁で切って,給食室にもって行き,調理師さんに塩もみにしてもらいました。給食の時,出されたキュウリを,いつもは野菜が苦手なアキラも「おいしい」と全部食べました。

その後も,キュウリを収穫するたびに,形をなぞってクレヨンで塗り,描いた絵を保育室に貼りました。保育室に貼り切れなくなって,廊下の壁にもはみ出してしまいました。

夏の終わり,最後のキュウリを収穫した後,「全部で何本とれたのかしらね」と言うと,「数えてみよう」と子どもたちから声が上がりました。描いたキュウリの絵を全部ホール(遊戯室)に横一列に並べて子どもたちが数えると,「先生,46本もあった!」と口々に興奮気味に報告してくれました。「そんなに! じゃあ,10本ずつに分けて,もう一度数えてみようか?」と子どもたちと一緒に,10本ずつの集まりを作りながら数えると,本当に46本もありました。「みんなが一生懸命,水やりしたり,草を取ったりしてお世話したから,こんなにとれたんだね」と喜び合いました。子どもたちもこんなに収穫できたことに驚いていました。種から育て,花が咲き,実がなり(そのなかに種を残し),最後は枯れるまでを世話を通して体験したことで,子どもたちは,自然の不思議さとともに命が循環している連続性を,子どもなりに感じとったようでした。

　このように，畑での栽培活動を通して野菜の生長に関心をもつだけでなく，虫を見つけたり，さまざまな発見を通して，子どもたちは，自然への興味や関心とともにその不思議さに感動する心を育みます。また，収穫した野菜を自分たちで調理して食べることを通して，食べることの喜びや食への関心を育み，命の大切さを学んでいきます。

　エピソードにも見られるように，種や収穫物を数える体験などを通して数への関心も高めていきます。

　花壇や畑のスペースが確保できない場合は，プランターを使うなどして自然と触れられる環境を工夫しましょう。

プランターで育てている野菜に当番の子どもが水やり

（4）園庭の遊具

　園庭には，三輪車などの乗用玩具，ボール，縄，竹馬，フープ，砂場用玩具などの遊具が必要です。また，ビールケースやタイヤ，シートなど，さまざまに組み合わせて構成できる素材や用具があると園庭遊びが豊かに広がります。好きな場所に自由に動かすことができ，自由に組み合わせて構成できるので，これらを固定遊具に対して可動遊具と呼びます。子どもたちの自由な発想で，ごっこ遊びを展開したり，タイヤを積んでシートをかけ，「築山」にして上り下りを楽しむなど全身を使った遊びを楽しむこともできます。

　いずれの遊具も，子どもたちが自分で取り出しやすく，片づけやすいように，遊具棚や倉庫などを用意することが必要です。

子どもが自分で出しやすく片づけやすい
遊具棚

友だちと一緒にタイヤで遊ぶ

第3節　園舎内の環境を考える

　先に述べたように園は，何よりも「安全で安心できる生活の場」でなければ
なりません。なかでも，子どもにとって「自分の部屋」である保育室は，大好
きな保育者や友だちのいる場所であり，生活と遊びの拠点となる居場所として
重要です。

　心の安定を基盤に，食事・午睡・排泄・着脱・清潔などの基本的生活習慣を
身につけられる場である保育室には，それにふさわしい家庭的なくつろぎと安
らぎの雰囲気が必要です。さらに，友だちとかかわりながら主体的に遊びや活
動に取り組む場でもあります。子どもたちが自発的に，主体的に生活や遊びに
取り組める物的環境を整える必要があります。

　子どもが，「ここは自分の居場所」だと思えるように，玩具や教材棚などを
安定した位置に配置し，ロッカーや靴箱，机には，個人のマークを貼るように
するとよいでしょう。

　施設面では，学級の人数に応じた広さ，明るさ（採光），通風などが適切か，
設備面では，ロッカー，靴箱，玩具棚，トイレの位置，水道の場所と高さ，机
と椅子の高さなどが適切で使いやすいかが重要です。壁やカーテンの色，装飾
にも気を配る必要があります。派手な色は避け，装飾もキャラクターのような

ものより，自然物や子どもの作品を飾ると，落ち着きと温かさが感じられます。子どもが過ごしやすく，使いやすい保育室の環境であることが，心の安定につながります。それが，基本的生活習慣を身につけることや，集団生活に慣れ，友だちとのつながりを深めていくことにつながります。このように重要な意味をもつ保育室の環境について，エピソードを通して乳児（0・1・2歳児），幼児（3・4・5歳児）それぞれに配慮すべき点を考えてみましょう。

（1）乳児（0・1・2歳児）の保育室

　乳児期は，心身の発達がめざましい時期であり，特定の保育者との愛着関係を基盤に，周囲の物や人に関心を広げ，人に対する基本的信頼感を獲得していく時期です。情緒の安定を図り，安心して快適に過ごせる環境づくりを心がける必要があります。

　家庭のようにくつろげる場を確保したり，じっくり遊べる空間や玩具を用意したりして，子どもたちが安心して落ち着ける環境を工夫することが必要です。カーテンや手作りの椅子や間仕切りなどの布の色調を統一すると，室内が落ち着いた雰囲気になります。大人の声の大きさにも気をつけましょう。

　室温，湿度にも気を配ることが大切です。保育室には温湿度計を設置し，特に冬場はインフルエンザなどの感染症予防の上から，室内の乾燥を防ぐ工夫が必要です。

　生活面では，遊ぶ・食べる・眠るスペースを分ける工夫をしましょう。そうすることで，眠くなったら眠るなど一人ひとりの生活のリズムやペースに合わせて過ごすことができます。

　また，食事や着替えの場所，眠る時の布団の場所を一定にすることで，子どもは自分の場所がわかり安心します。

　1歳半から2歳にかけて，自我が芽生え，自己主張が強くなるとともに，「じぶんで」という意欲が出てくる時期です。次のエピソードは，そんな子どもの姿をとらえたものです。

｜エピソード 6｜ 「先生，みてて！ できたよ」（2歳児）

　昼間は布パンツで過ごすことが多くなったアヤカ。「お姉さんパンツ」になったことがうれしい様子で，自分から「おしっこ」と伝えるようになってきました。失敗することもありますが，トイレで成功すると「でたー」とうれしそうです。「すごいね。シーでたね」と一緒に喜ぶと得意げな表情。トイレの前のベンチに座って，パンツの前後の模様を意識しながら足を入れると，「よいしょ」と一生懸命引っ張り上げています。パンツは上手にはけるようになってきて「アヤちゃんね，おねえさんパンツなの」と，はけたパンツのキャラクターの模様をうれしそうに見せます。ズボンは前を上にして置いてあげると，「こう？」と言いながら「アヤちゃん，じぶんでできるから」と意欲的です。ズボンの後ろを上げる時だけ，さりげなく手助けし，はけると「みてみて，じぶんでできたよ！」と満足げでした。

　まだ十分にはできなくても，自分でしようとする気持ちを大切にして，このようにベンチを置くなど子どもが自分でやりやすいような環境を整えることが必要です。また，さりげない援助をすることで，子どもは自分でできたという喜びを味わい自信をもつようになります。

食事が終わって眠くなった子から眠れる午睡スペース。

自分でズボンを脱いだりはいたりできるよう，トイレの近くに置かれた低いベンチと椅子。

　遊びのコーナーにも，くつろいだ家庭的な雰囲気が大切です。広々とした保育室や高い天井に不安を感じる子もいます。天蓋で天井をぐっと低くすれば，

天蓋をつけることで，安心して遊べる和やかで落ち着いた雰囲気に。

子ども1人がすっぽり入れる空間。
布団を敷いてホッとできる安全基地に。

柔らかい雰囲気が生まれ安心できる空間になります。

仕切られた空間で安心する子どももいます。他の子にじゃまされず1人でじっくり遊びたい子には，玩具棚や間仕切りで囲まれた狭いコーナーがあるとよいでしょう。子どもの視線から

押入れの下段を活用してくつろげるスペースに。家に見立てたりして，仲のいい友だちとごっこ遊びを楽しむ場所にもなる。

は見えないけれど，保育者からは子どもの様子を見守ることができる仕切りの高さがポイントです。子ども1人がすっぽり入れるような空間もあると，ほっとできる心の安全基地になります。布を貼った大きめの段ボール箱もそうした空間になります。

保育室でも登ったり滑り降りたり，くぐったりして体を動かして遊べるスペースと，見立て遊びや簡単なごっこ遊びができるコーナー，パズルなどの指先を使う遊びのできるコーナー，絵本のコーナーなど，それぞれの遊びがじっ

くり楽しめるように，遊びの種類によってコーナーを分ける必要があります。また，何よりも子どもが自発的に遊べるように，子どもが自由に手に取れる位置に玩具を配置することが大切です。特に，0歳児室では，ハイハイの時期，たっちの時期それぞれに，子どもの動きに合わせた位置に配置する配慮が必要です。

【ハイハイ，たっちの時期など子どもの発達，動きに合わせたおもちゃの配置】

しゃがんだり立った姿勢で，紐をひっぱったり，扉を開けたりして遊べる手作りのボード。柵にもテープの芯にフェルトを巻いて上げ下げする手作り玩具が取りつけてある。

ハイハイの時期の子どもが，自分で玩具に手を伸ばせる棚。

立って遊べる，マジックテープでつけたりはずしたりして遊ぶフェルトで作った食べ物。

エピソード 7　あそこまでいきたい（0歳児）

　座位からハイハイへと姿勢を変えることができるようになったばかりのレイ。音の出るおもちゃを取ろうとしてハイハイしようとしますが，片方の足を曲げたままなかなか伸ばせないので前に進めません。一生懸命その足を伸ばそうとして腰をもち上げています。どこで手を出そうかと思いながら「レイちゃん頑張れ」と保育者が見守っていると，やっとのことで足を出すことができ，おもちゃに向かって手を伸ばし前進しました。おもちゃを手にした時は，本当に嬉しそうな表情でした。

　このエピソードから読み取れることは，「あれで遊びたい」という要求が生まれる環境，そして，その願いがかなう環境が大切だということではないでしょうか。「あそこまでいっておもちゃを取りたい」という要求があったからこそ，自分で懸命にハイハイして進むことができたのです。このように，子どもの発達に合ったおもちゃを，いつでも自由に手に取れるところに配置することで，子どもの自発性や意欲が育まれていきます。

　自我が芽生えてくると，玩具や場所のとり合いから，まだ十分に自分の思いを言葉にできないため，かみつきやひっかきといったことも起きてきます。同じ玩具の数を十分用意することや，次のエピソードのように，遊びの動線が重ならないように配慮することが必要です。

エピソード 8　「せまいから！」（1歳児）

　ままごとコーナーで遊んでいたユキとヒナが，布の袋に食べ物を入れ，「いってきまーす」と絵本コーナーに行き，食べ物を広げて，食べるまねをして楽しんでいます。何度かそのおでかけごっこを繰り返していましたが，ままごとコーナーと絵本コーナーの間では，コウヘイがブロックの線路の上を牛乳パックで作った電車を走らせて遊んでいて，そこを横切る形になりました。自分の遊びをじゃまされたコウヘイは，「せまいから！　せま

いから！」と言いながら，「こないで」といわんばかりにユキのことを押し，押されたユキも手が出てコウヘイの頬をひっかいてしまいました。

この後，担任は，お互いの気持ちを代弁しながら仲立ちすると同時に，遊びの環境を見直し，それぞれの遊びの動線が重ならない場所にビニールテープで線路を描き，電車遊びのコーナーを作りました。このように，常に子どもたちの遊びの様子をよく見て，一人ひとりが好きな遊びをじっくり遊び込めるよう環境を工夫することが大切です。

（2）幼児（3・4・5歳児）の保育室

園での子どもの生活の大部分は遊びです。幼児になると，活動範囲が広がり，言葉でコミュニケーションが取れるようになり，友だちとイメージを共有しながら遊びを展開するようになります。5歳児にもなると，遊びはよりダイナミックになり，いろいろな用具や素材の扱いに慣れて，難しいものや細かい作業に進んで取り組もうとしたり，共通のめあてをもってみんなで協力して活動を進めたりするようになります。保育室の機能のなかでも，遊び環境としての機能をより充実させることが必要です。

ロッカーなどの安定感のある物でコーナーを作り，そのなかに遊具や玩具を配置しますが，その際，子どものやりたいことが自由に選択でき，思いが実現できるような環境づくりという視点が必要です。遊びの動線がぶつからないように配慮しながらも，他のコーナーでの友だちの遊びが見えることで，遊びがつながったり，発展したりするよう援助しましょう。

また，年齢に応じて安全に配慮しながら，製作の材料や用具を子どもが自由に使えるように配置しておくことも必要です。玩具や用具，素材の置き場所には，取り出すのにわかりやすく，片づけやすいように絵や写真のラベルを貼るとよいでしょう。

遊びによって子どもと一緒に環境を構成，再構成することが大切です。午前の遊びが午後も，今日の遊びが明日も継続するように，作ったものを置いてお

けるスペースを確保する工夫も必要です。

　活動の場面によって，いくつかの異なった環境に変化させながら，どうすれば子どもにとって望ましい，魅力的な環境になるかを考えていきましょう。たとえば，ランチルームがなく，保育室で食事をする場合は，机にテーブルクロスを掛けたり，ランチョンマットを敷いたり，花を飾るなどして雰囲気づくりをします。

　園で長時間過ごす子どもにとっては，畳やカーペットのコーナーなど，ホッとくつろげるスペースも必要です。

　次のエピソードは，違うコーナーでの遊びがつながって表現遊びに発展したものです。

エピソード 9　ダンスショーを見に行こう（4歳児）

　製作コーナーで，ツムギやミズキたち数人の女の子が広告紙をクルクルと細長く丸めています。そうして作った棒の先に紙テープをつけ出来上がると，それを新体操のリボンのように振り回して踊り始めました。楽しそうなその様子に，ままごとコーナーでレストランごっこをしていたミキたちも興味をそそられたようです。

　「みんなにも見せてくれない？」と声をかけると，「えーっ，まだ練習中だからだめ」とミズキ。そう言いながらもうれしそうな表情です。廊下に出て練習を始めました。

　「私たちもレストランで食べてるから，練習が終わったら教えてね」とミキ。「早く食べていこう」となにやらこちらも楽しそうです。「まだですか？」「早くしてください」と待ちきれない子どもたちに「じゃ，劇場の椅子を並べておく？」と声をかけました。「券がいるんじゃない？」と言う子もいましたが，ようやく"練習"が終わって劇場での「ダンスショー」が始まりました。

　ツムギが「先生，音楽かけて」。CD で曲を流すと，少し照れながらも音楽に合わせて自分で作ったリボンを振ったり，回ったりして踊っていま

す。見ている子どもたちも笑顔で楽しんでいました。

　このように，遊んでいる子どもの様子をキャッチし，それぞれの遊びをつなげ発展させるような保育者の声かけや援助も重要です。

　この経験から，他の子どもたちも「やりたい」と加わったり，他の学級にも見せたいとチケットを作って宣伝にいったりと，さらに遊びが発展していきました。

【3・4・5歳児学級の保育室の環境】

3歳児室のままごとコーナー。
木のままごと道具や，いろいろなものに見立てられる，さまざまな色，形の布製の手作りの食べ物で，イメージが広がる。

子どもが遊びやすく片づけやすいよう流し台の棚には，お皿やなべの写真を貼っている。

5歳児室の製作コーナー。
文字への興味も出てくるので，材料や用具ごとに絵と文字で中身を表示している。

長時間，園で過ごす子どもたちにとって，畳のコーナーはホッとできる空間。座って窓の外の公園の緑が眺められる位置にテーブルが設置されている。ごっこ遊びの拠点にもなる。

（3）遊戯室，廊下，テラス，など

　園舎内には，保育室だけでなく廊下，テラス，遊戯室，玄関ホールなどの共有スペースがあります。階段下などの狭いスペースも，子どもたちにとって魅力的な場所になります。こうした共有スペースでは，学級を越えた交流や異年齢の子ども同士のかかわりもよく見られ，工夫しだいで遊びや生活を豊かにすることができます。園舎内のどんな場所も，子どもたちが安心して，生き生きと活動できる居場所となるように，保育者同士が場や空間の活かし方を工夫し共有していくことが大切です。

①　遊戯室

　遊戯室は多様な機能をもつ場であり，いろいろな活動の場として使われます。入園・卒園，誕生会などの行事に使われるだけでなく，みんなでリズム遊びや運動遊び，迷路や遊園地ごっこなどの遊びをダイナミックに楽しむことができる場です。保育園の場合は，幼児の午睡の場としても使われることがあります。

　遊戯室を多様な環境として活用できるように，園全体で計画的に使用すると同時に，子どもたち自身が保育室の機能を活かして遊びを豊かに展開できるように，保育者は援助していく必要があります。

　次のエピソードは，大型積木を使って友だちとイメージを共有して，ごっこ遊びを展開している例です。

エピソード 10　憧れの大型積木で基地ごっこ（5歳児）

　5歳児学級になって使えるようになった遊戯室の大型積木で，毎日のように宇宙船の基地ごっこを楽しんでいる子どもたち。「ここを操縦席にしよう」と，大型積木を重ねた上に計器類らしいものを描いた段ボールを置き，椅子を運ぶユウキ。他の子どももイメージを出しながら，一緒に並べたり積んだりして基地づくりが進みます。「こっちに移動できるようにしようよ」とコウジが言うと，「そうだね。こうやって高くしたら？」とユウキ。「先生，巧技台出して」というので一緒に巧技台を運び，子どもた

ちのイメージを聞きながら巧技台を重ね，大型積木や巧技台は落とすと危ないので，大きな物は友だちと一緒に運ぶように伝えました。「ぼくは力持ちだから大丈夫」と，１人で積木を引きずっているユウキにモモカが「一緒に運ぶんだよ」と声をかけ手伝ってあげています。

　時にはイメージの違いからぶつかり合いも起きますが，子どもたち自身で解決できることが多くなっています。

　保育室の遊具の置き場所を表示したことを思い出したケイイチが，「大型積木の置き場所も描こうよ」と保育者に提案してきました。子どもたちと話し合いながら，大型積木の運び方，積み方などを確認しながら場所を決め，ラインテープで表示しました。「明日もまた遊ぼう」と，何日も基地ごっこが続きました。

　このように，大型積木を使った基地ごっこなどは，さまざまな用具や材料を用意することで，イメージを広げることができ，そのイメージを友だちと共有することで，より遊びが豊かに展開していきます。ぶつかり合いも経験しながら，友だちとのかかわりを育んでいくのです。

　大型積木などを片づける場所や片づけ方を子どもたちと一緒に考えていくようにすると，形ごとにまとめて置くことや置き場所の広さと高さを決め，そのなかに収めるようにするなど，形や大きさ，重さに気づいたり関心をもったりするようになります。約束事の必要性を理解して，遊具を安全に扱おうとする

大型積木を使って，友だちとイメージを出し合い，役割を決めて基地ごっこ。

子どもたちと話し合って置き場所を決め，片づけやすいようにテープなどで表示する。安全な扱い方や片づけ方も話し合い，ルールを確認する。

態度も身についていきます。

　また，何日も遊びが継続し発展できるように，作ったものを置いておくスペースも工夫する必要があります。

　遊戯室では，巧技台やマット，跳び箱，トランポリンなどの運動的な遊びを力いっぱい楽しむ機会も多くあります。これらの遊びは，必ず保育者がそばにつき，安全に配慮しなければなりません。

②　廊　下

　廊下や階段の踊り場も，子どもたちの感性を刺激するような環境構成にしたいものです。ギャラリーのように，絵や子どもたちの作品を飾ったり，季節の草花や果物など自然物やオブジェを飾ったりすると，子どもたちが季節を感じることができます。また，行事に関する製作物，たとえば夏祭りの提灯や運動会の旗など各学級の子どもたちの作品を飾ると，子どもたちは行事への期待を高めることでしょう。

　また，保育室の延長として，遊びの場としても活用できます。保育室で電車ごっこをしていた子どもたちが，ブロックの線路を長くつなげて廊下にも電車を走らせたり，手提げ袋を手にもち人形の赤ちゃんをおんぶして「いってきまーす」と保育室から出て，お出かけごっこをしたりする姿はよく見られる光景です。

階段の踊り場に季節の草花を飾る。

廊下の壁に，ドングリと落ち葉で作った子どもたちの作品を飾る。

③　テラス

　園舎の内と外をつなぐテラスもまた，生活や遊びの場として活用できる空間
です。学級を越えて自由に交流できる場でもあり，異年齢でかかわりながらさ
まざまな遊びが広がっていく格好の場です。夏には，水や絵の具を使った遊び，
乳児はプール遊びにも活用できます。

　登園してすぐには遊び出せない子どもも，テラスで風を感じながら友だちが
遊んでいる様子を見たり，保育者とかかわっているうちに気持ちを切り替えら
れることもあります。

テラスでプールやフィンガーペインティングを楽しむ。
テラスからは，幼児組の子どもたちの様子も見える。

④　玄関ホール

　園の玄関は，子どもたちが登降園の際に通る場所であり，家庭から園，園か
ら家庭への気持ちを切り替える空間でもあるといえます。保護者にとっても，
仕事と家庭（子育て）とのスイッチを切り替える場といってもいいでしょう。
そのため，玄関ホールは，温かな雰囲気で親子を迎え入れる空間になるよう環
境を整えることが大切です。絵本や玩具，季節の草花を飾ったり，モビールな
どを吊るしたりするのもよいでしょう。

　絵本棚と低いテーブルや椅子を置いて絵本コーナーを作ると，お迎えの時，
親子で絵本を見たり，借りる絵本を選んだりして親子の触れ合いのひとときに
なります。絵本コーナーは，日中，子どもたちが好きな絵本をじっくり楽しめ

る場にもなります。

玄関ホールを利用した絵本コーナー

・・・・・・・・・・・・・・・・・ 引用・参考文献 ・・・・・・・・・・・・・・・・・・

秋田喜代美・増田時枝・安見克夫編『保育内容『環境』』みらい，2009年。

岸井勇雄・無藤　隆・柴崎正行監修『保育内容・環境』同文書院，2009年。

鈴木まひろ・久保健太『育ちあいの場づくり論』ひとなる書房，2015年。

福崎淳子・山本恵子編著『エピソードから楽しく学ぼう保育内容総論』創成社，2013年。

第6章　確認問題

園舎や園庭の環境について述べた次の文の（　　　）のなかに，あてはまる言葉を書きましょう。

1．子どもたちにとって園の環境は，まず「安全で安心できる（　　　）の場」でなければならない。

2．園庭には，砂場やブランコ，すべり台といった（　　　）だけでなく，タイヤやシート，ビールケースなどさまざまに組み合わせて構成できる（　　　）があると遊びがより豊かに広がる。

3．子どもにとって「自分の部屋」である保育室は，それにふさわしい（　　　）なくつろぎと安らぎの雰囲気の空間や，主体的に生活や遊びに取り組める（　　　）環境を整える必要がある。

4．乳児（0・1・2歳児）の保育室では特に，遊ぶ・（　　　）・眠るスペースを分け，一人ひとりの生活のリズムやペースに合わせた配慮が必要である。

5．子どもの主体性，意欲を育てる上からも，（　　　）に遊べるように，ハイハイの時期から子どもが自由に手に取れる位置におもちゃを配置することが大切である。

6．遊びのコーナーづくりでは，それぞれの遊びがじっくり楽しめるように，遊びの（　　　）がぶつからないように配慮することが必要である。

7．（　　　）や階段の踊り場も，子どもたちの作品や季節の自然物を飾るギャラリーとしての空間や，保育室の延長としての遊びの場として活用できる。

8．ホールでの大型積木や巧技台などを使ったダイナミックなごっこ遊びでは，子どもたちはイメージを（　　　）しながら遊びを展開し，友だちとのかかわりを深めていく。

コラム Column　特徴のある園舎

　神奈川県川崎市麻生区にある風の谷幼稚園は，小高い丘の上にあります。園の敷地は約 5,000 坪もありますが，多くの幼稚園にみられるような平らな園庭はありません。

　園に入ると，まずは木製のすべり台が出迎えてくれます。不安な気持ちで入園を迎える新入園児も，このすべり台を見たら思わずワクワクしてしまいます。

　すべり台の向こうは，斜面を利用して園舎が立てられています。建物と建物の間は，透明の屋根のついた広いテラス。テラスには自然の木々を背景にした舞台があります。普段は雨の日でも子どもたちが伸び伸びと遊べる空間となっていますが，入園式や卒園式，歌の会などの集会はこの屋外のテラスで行われます。

　「光と風を感じる幼稚園をつくりたい」そんな園長先生の思いがたくさんつまった園舎です。

木製のすべり台　　　　　　　広いテラス

(いずれも風の谷幼稚園)

社会・地域とのかかわりについて学ぼう

本章のねらい

　子どもたちを取り巻く環境として文化的・社会的環境があります。近年，核家族化や地域社会の衰退により，文化の伝承がされにくくなっているという現状があります。園では，子どもたちが家庭生活において経験できないさまざまなことを体験する機会があります。たとえば行事に向けて友だちとみんなで取り組むことは，園ならではの活動といえます。またそれぞれの園は地域にそしてより大きな社会に属しており，子どもたちはこれら多様な環境とかかわりながら自らの体験を広げていきます。

　本章では，子どもたちと文化的・社会的環境とのかかわりについて，保育現場におけるエピソードから考えてみます。以下3つの視点から理解を深めていきましょう。

① **保育における「行事」の意義とその取り入れ方について学びましょう。**

　各園ではさまざまな行事があらかじめ計画されています。行事を通して子どもが何を体験しているのか，また行事を保育に取り入れる際に留意する事柄について学びましょう。

② **子どもと地域とのかかわりについて学びましょう。**

　地域文化や地域における多様な人とのかかわりは，子どもの体験を広げていきます。それらをどのように保育に取り入れるか，またそのことが子どもにどのような影響を与えるかについて具体的に学びましょう。

③ **子どもたちと社会とのかかわりについて学びましょう。**

　子どもたちの興味や関心は，園生活のなかにとどまりません。子どもたちと園生活を取り囲む，より大きな社会とのかかわりについて具体的に学びましょう。

第1節　園の行事を楽しむ

　園の保育のなかで子どもたちが体験する行事には，遠足・運動会などの園行事や七夕・節分などの伝承行事，虫歯予防デー・敬老の日などの社会的行事があります。各園で毎年複数の行事を保育に取り入れています。このような行事は子どもたちにとってどのような意味があるのでしょうか。またいろいろな行事があるからといって，たくさんの行事を保育に取り入れればよいというものではありません。保育に行事を取り入れる際，どのような点に留意したらよいか考えてみましょう。

（1）子どもの育ちを見通し，長期的な計画に組み込む

　多くの園で，年間の計画に園行事があらかじめ組み込まれていることと思います。長い期間をかけ，行事に向けて準備をする園も少なくないでしょう。しかし数多くの行事をこなすことが保育の目的ではありません。行事を保育に取り入れることの利点は，行事を行うことやそれに向かう過程において，子どもの体験をより豊かにすることができ，育ちに結びつくということです。行事を保育に取り入れることは，何か特別なことを保育に組み入れていくことではなく，日々の保育の延長線上にあるということを忘れないようにしましょう。

> **エピソード 1** 　**優しいウエイトレスさん（5歳児）**
>
> 　3月になると年長組はお楽しみ会として，レストランごっこと遊園地に分かれて製作をし，年中組，年少組をお客さんとして招待します。
> 　今日は，年少のコアラ組の子どもたちをレストランに招待する日です。3歳児のカズキは園庭で遊んでいて，1人だけレストランに着くのが遅れてしまいました。ゾウ組の入り口からなかをのぞくと，クラスのみんなは席について食べ物を注文したり，すでに食べ始めたりしています。カズキは入り口のところで「遅くなっちゃった・・・」と泣き始めました。

　カズキの姿に気づいた年長組のユウカとミキは，カズキのところまでやってきて優しく声をかけて手をつなぎ，席に案内します。そこにエプロンをしたマオがメニューをもってやってきます。まだ涙目で注文を決められないカズキでしたが，ユウカの説明を聞いて，ユウカとともにハンバーグとお寿司とケーキを頼むことにしました。

　年長のマサトはコック帽をかぶり，ハンバーグをのせてフライパンを振っています。またケンタはねじりはちまきで，お寿司をお皿に盛り付けます。カズキのところに次々と料理が運ばれてきました。注文した料理を食べ終わると，お客さん全員に年長さんが焼いた本物のクッキーと牛乳がふるまわれます。あまいクッキーをほおばると，泣いていたカズキもいつの間にか笑顔に・・・。

　年少さんたちは，最後に自分で作って準備したお金をレジで払うと，大満足でコアラ組へ戻っていきました。

　エピソードにある園では，全クラスが参加するお楽しみ会があります。この行事においては毎年，年長さんがレストランと遊園地を作り，他の年齢の子どもたちはお客さんとして楽しみます。どんなテーマのレストランを作ろうかという話し合いに始まり，2週間ほどかけて保育室をレストランに，ホールを遊園地に作り上げていきます。身近な素材を使って本物にそっくりな料理を作ったり，コックさんの動きをまねて演じることは，これまで園生活のなかで取り組んできた自分たちの思いを友だちと協力して表現するという活動の集大成といえます。年長クラスが真剣な様子で準備し，お楽しみ会の環境が出来上がっていく様子を，年中クラス，年少クラスはわくわくしながら眺めているのです。

　このように同じ行事でも，年齢によって参加の仕方は異なります。まずはお客さんとして参加しながら，かっこいいコックさんや優しいウェイトレスさんに憧れを抱きます。この憧れが年長になってからの意欲に結びつき，自分たちの思いを表現し実現していくための原動力になります。運動会の後に，年中組が年長組の踊っていたダンスをまねしてみたり，リレーをしたりする姿がみられるのも，この"やってみたい"という憧れによるものです。

　行事はその時1回限りのものではありません。子どもたちの園での育ち全体を見通しながら，それぞれの年齢でどうかかわっていくのかという行事の位置づけや連続性を考え，長期計画に組み込んでいくことが大切となるでしょう。そして行事に取り組む過程においては，実際のクラスの子どもたちの姿や取り組みの様子から，それに合わせて短期的なねらいを立て，無理のない保育を計画し，展開していきます。

（2）生活の節目として

　保護者や外部に披露することを視野に入れた行事は，その完成度を高めるために，子どもの意欲を考慮せずに，長時間の練習を強いてしまう場合があります。保育における園行事は，保育者主導の厳しい練習の成果を披露する場ではありません。それまでの園生活において，どのようなことを体験し，どのように成長してきたのかということを確認し，それを保護者の方たちにも見ていた

だくという日々の生活の節目であるといえます。園行事は子どもたちが主体的にかかわりながら作り上げるものであるという視点で，園行事について考えてみたいと思います。

エピソード 2　俺たち，友だちになったんだ（5歳児）

　年長での劇は，5〜6人のグループに分かれてお話を作って行います。自分たちで，"お話し作り"をすることで，劇をすることが楽しくなるし，自分たちで作ったので仲間のセリフや動きまでよく覚えている良さがあります。

　劇の練習が始まると，あるグループの子どもたちが，「ショウキくんがふざけて練習ができない」と言いに来たことがありました。登場しても転がってしまったり，セリフも大声で言ってしまったり，恥ずかしさを隠すために，ふざけてしまっているようでした。

　最初は，そのたびに「ちょっと，ショウキくん！」と注意していた子たちでしたが，ユウタロウが言った一言でガラッと雰囲気が変わったのです。ユウタロウは，ふざけて登場したお化け役のショウキに，注意するのではなく「今日のお化けはなんか変なお化けだなー」と即興で対応したのです。ショウキの行動を咎めるのではなく，あくまで劇のなかで「受け入れて」くれたのです。受け入れてもらったショウキは，おふざけが完全になくなりはしませんでしたが（笑），劇の流れを損なわない程度の動きになりました。

　面白いことに，その後，ショウキとユウタロウが肩を組んで部屋に戻ってきて「俺たち，友だちになったんだ！」と誇らしげに報告してくれました（もう約2年も一緒にいるのですが…笑）。[1]

　5歳児になると友だち同士で意見を言い合い，調整する力が身についてきます。この園では，年長の生活発表会の劇に子どもたちの成長に合わせて，小グループに分かれた"お話し作り"を取り入れています。

　せっかくみんなで考えた劇ですが，ショウキがふざけて練習にならず，困ったメンバーが担任保育者に訴えます。劇の完成度を高めたいならば，そこで保育者が入っていき，ショウキに真剣に取り組むように注意したかもしれません。しかしここで保育者は，子どもたちに任せ様子を見守ります。もう2年近くクラスメートとしてかかわってきたユウタロウは，どうしたらショウキがふざけないで劇に取り組めるか考え，出した答えは，ふざけてしまうショウキをそのまま仲間として受け入れることでした。「俺たち，友だちになったんだ！」という言葉に表れているように，生活発表会に向けて劇を作り上げていく過程において，より仲間意識が深まっていく様子を読み取ることができるでしょう。

　子どもが主体的に行事にかかわっていくことによって，エピソードにみられるように，仲間と一緒に自分たちの考えたことを表現することなど，たくさんのことを体験し学んでいきます。保育者主導によってやらせる行事ではなく，子どもたちの意欲を高めながら，行事に取り組む過程を大切にしたいものです。

　幼稚園教育要領では，行事について以下のように示しています。

　　　　行事の指導に当たっては，幼稚園生活の自然の流れの中で生活に変化や潤いを与え，幼児が主体的に楽しく活動できるようにすること。なお，それぞれの行事についてはその教育的価値を十分検討し，適切なものを精選し，幼児の負担にならないようにすること。

　日々の保育は，たくさんの行事をこなすために営まれているのではありません。子どもの育ちを見通して，日常生活のなかに効果的に行事を組み込んでいくことが求められています。

第7章 社会・地域とのかかわりについて学ぼう ● *145*

（3）文化伝承の役割を担う保育施設

　日本には四季があり，その季節の節目などに伝統の行事があります。桃の節句や七夕など，その意味についてみなさんはどのくらい知っていますか。最近は各家庭において，こうした日本に古くから伝わる伝統行事を経験する機会が減少してきています。保育施設において伝統行事を体験することは，現代に生きる子どもたちにとって貴重な機会であるといえるでしょう。

エピソード 3　「これ，ぼくのこいのぼり」（2歳児）

　5月の天気の良い日は園庭にロープを張り，たくさんのこいのぼりが泳ぎます。年長クラスの作ったこいのぼりは特大こいのぼり，クラスのみんなで協力して作ります。みんなの手型を押してうろこに見立てたり，布を使ったり，それぞれのクラスで工夫しています。年中クラスは好きなメンバーでこいのぼりを作ります。出来上がったこいのぼりをロープにつるすと，園庭の端から端までいっぱいのこいのぼりが元気に泳ぎだします。

　このこいのぼりを見た2歳児のコウタ，自分でもこいのぼりを作りたくなったのでしょう。細長く切った紙に，目とうろこらしきものが書いてあります。紙を丸めて作った棒に，そのこいのぼりを結んでもらいました。「これ，ぼくのこいのぼり！」と保育者たちに自慢げに見せながら園庭を歩きまわっています。

　5月5日のこどもの日は「端午の節句」と呼ばれ，男子の健やかな成長を祈願し，5月人形を飾ったり，庭にこいのぼりを立てたり，ちまきを食べたりするという風習があります。最近では，家庭の庭先に大きなこいのぼりが泳ぐ様子をあまり見かけなくなりました。

　2歳児のコウタは園庭に泳ぐこいのぼりの姿に圧倒され，自分でもこいのぼりを作ります。もちろんコウタは「端午の節句」がどのような日であるかということはまだ理解できていません。しかし，このたくさんのこいのぼりが泳ぐ光景は，コウタに強烈な印象として残っていくことでしょう。

　七夕や節分など，日本の古来の風習に触れる機会を園で作っていくことによって，園児が大人になったときに日本の文化を未来に伝承していくことができます。保育施設が，日本の文化伝承において大きな役割を担っているといえるでしょう。そのため保育者がまず各行事の理解を深めること，そのうえで保育に取り入れていくことが大切となります。

　表7－1は代表的な日本の伝統行事についてまとめたものです。基本的な事柄は覚えておきましょう。

表7－1

端午の節句 （こどもの日）	5月5日	男の子の節句とされ，男の子のいる家庭では成長を願ってこいのぼりや兜，五月人形を飾ります。また，柏もちやちまきを食べます。中国では菖蒲湯に入り，病気や災厄をはらう行事が行われていたことから，病気にならないようにと菖蒲湯に入る家庭もあります。5月5日は「こどもの日」として国民の祝日となり，1951年には児童憲章が定められました。
七夕	7月7日	日本と中国の風習が一緒になって，心身を清めた人が笹竹を立て願い事や歌を書いた5色の短冊を結びつけ，翌日に笹竹についた心身の穢れを洗い流すという七夕送り，七夕流しという風習が生まれました。現代は，笹竹に短冊や飾りをつけて，牽牛星と織女星が会うことができるように願うことが多いようです。地域によっては旧暦に近い8月7日ごろに七夕まつりを行います。
十五夜 （お月見）	旧暦8月15日	この日の夜の月は中秋の名月といわれ，月を鑑賞するとともに，収穫期を前にして収穫を感謝する意味合いがありました。月見団子とススキを供えるというのが一般に知られています。
七五三	11月15日	3歳の男の子と女の子，5歳の男の子，7歳の女の子が氏神や神社にお参りして健やかな成長と健康を祈る行事です。「七つ前は神の子」といわれており，7歳になって社会の一員になるとされていました。
節分	立春	節分という言葉は季節の分かれ目を意味しており，冬と春の分かれ目にあたります。家から悪霊や災難を追い払うために豆をまきます。その豆は福豆といって，節分の夜に歳より1つ多く食べます。また霊力をもつヒイラギの葉やいわしの頭をつるしたりもします。
ひなまつり （桃の節句）	3月3日	上巳の節句，弥生の節句とも呼ばれ，女の子の健康と成長を祝うお祭りです。中国から伝わった上巳の行事と日本の払えの行事が結びつき，現在ではひな人形を飾ります。この日のごちそうにはハマグリのお吸い物やお供えした菱餅を食べます。

エピソード 4 「タカシ君，よかったな！」（5歳児）

　1月からコマ回しが流行り始めました。この遊びはコマを回せることが前提です。回せない子は一生懸命練習します。冬休み中に，練習して回せるようになった子もいました。クラスのなかに，一畳ほどの大きさのベニヤ板を用意し，そこに向かって投げていきます。

　8人の仲間で競争したり，コマに模様を描いた紙を貼りつけて回転させ，きれいな色になるかを楽しんでいる子どもたちも現れました。

　そんななか，未だに回せなかったのは，タカシ。いつもこのコマ仲間の輪のなかにはいるのですが，なかなか回せません。タカシは，"できない"ことが苦手で，リレーでも負けたくなくて，途中で勝っているチームに行ってしまったり，縄跳びもできないとイライラしてしまうこともありました。

　タカシは，もうかれこれ1ヶ月近く練習しています。1，2学期で仲間と一緒に遊ぶ楽しさや，頑張ればできることを積み重ねてきたことが，タカシの粘り強さを育てていきました。担任もまわりの友だちも，何とか成功して欲しいと願い，アドバイスを送りますが，こればかりは練習するしか道はありません。

　1月の中旬。遂に，遂に！　タカシのコマが初めて回りました。「やったー！」とタカシも，私も，そばで見ていた子どもたちも思わず歓声！

　成功のガッツポーズをするタカシの横で，ユウスケが「タカシ君，よかったな！　やったじゃん！」と成功したことを，自分のことのように喜んでくれました。

　仲間と一緒に遊びたい思い一心で，苦手だったことにも挑戦し続けた，タカシ。その背景には，タカシ自身の成長。そして，それを支える仲間たちの存在がありました。[2)]

　園では季節ごとに流行する遊びがあります。「お正月」という歌の歌詞にも
あるように，凧あげやコマ回しは年明けに流行する園が多いようです。もちろ
ん，これは保育者がこの時期の遊びとして意図的に環境を準備することによる
かもしれません。しかしそれだけではなく，去年のこの時期に流行った遊びと
して，子どもたちの記憶のなかに残っていることも大きいように思います。

　コマやお手玉やけん玉，竹馬やまりつきなどの昔から日本に伝わる遊びは，
遊び道具を手にしたからといってすぐにできるようになるものではなく，コツ
が必要となります。しかし一度そのコツをつかんでしまえば，長い期間，遊び
から離れても，またそれらで遊ぶことができます。エピソードから，コマ回し
を通してタカシは「あきらめずに取り組む気持ち」が身につき，コマを回せた
ことを「友だちと分かち合うことの心地よさ」を感じていたということを読み
取ることができると思います。

　幼稚園教育要領の環境の内容に「日常生活の中で，我が国や地域社会におけ
る様々な文化や伝統に親しむ。」とあります。伝統的な行事のみならず，わら
べうた遊びなどをはじめとした伝承遊びを日常の保育に取り入れる工夫をして
みましょう。

第2節　地域との交流を楽しむ

地域での異世代間交流

　核家族化や地域社会の衰退に伴い，家庭や園の生活を中心とする子どもたち
にとって，家族や保育者以外の大人と接する機会は限られています。しかし，
多様な大人と接する機会は，子どもたちに大きな成長をもたらします。

　幼稚園教育要領では，「幼児の生活は，家庭を基盤として地域社会を通じて
次第に広がりをもつものであることに留意し，家庭との連携を十分に図るな
ど，幼稚園における生活が家庭や地域社会と連続性を保ちつつ展開されるよう
にするものとする」とし，その際に「地域の自然，高齢者や異年齢の子供など
を含む人材，行事や公共施設などの地域の資源を積極的に活用し，幼児が豊か

な生活体験を得られるように工夫するものとする」としています。幼稚園や保育所は地域に属し，そこでの生活は地域や地域の人々とのかかわりと切り離すことはできません。保育の環境として効果的に取り入れることにより，子どもたちの体験を豊かにする工夫をしましょう。

エピソード 5　お母さんたちの「舌きりすずめ」

　P幼稚園では，在園児のお母さんたちによるサークル活動がさかんです。毎月のお誕生会では，お母さんサークルによる出し物があります。1月は演劇サークルが「舌きりすずめ」を演じました。脚本は年少児から年長児までが楽しめるように，サークルメンバーのお母さんが考えました。劇のなかで歌われる挿入歌は，卒園児のお母さんが作曲を担当しました。大道具や衣装ももちろんお母さんたちの手作りです。週に一度のサークル活動の時間を使って，準備や練習が行われました。

　お誕生会当日，会の最後のお楽しみとして演劇サークルの「舌きりすずめ」のスタートです。会場は暗くなり，子どもたちは劇に見入っています。さてクライマックス，すずめの舌を切ってしまったおばあさんが家に帰って，すずめたちにもらった大きなつづらを開けると・・・魑魅魍魎（ちみもうりょう：さまざまな化け物）が現れました。あまりの化け物の迫力に，年少児のサトルやミサキは怖くて泣きだしてしまいました。

　劇が終わると子どもたちの拍手喝采，「アイリちゃんのおかあさ～ん」と出演者のお母さんに手をふる子どももいます。出演したお母さんたちは子どもたちの拍手をたくさんあびて，とても満足そうでした。

　P幼稚園のお誕生会で，お母さんサークルによって披露される演劇や人形劇やコーラスは，練習が重ねられたかなり本格的なものです。迫力のある生の劇や歌声に触れることによって，子どもたちの体験は豊かになっていきます。たとえば，この幼稚園ではお母さんたちの演じた人形劇を見た後は，しばらくそれをまねた人形劇ごっこが続いたりします。子どもたちにとって，お母さんた

ちの姿は憧れの存在なのです。またこうしたお母さんたちの力の活用は，子ど
もたちへの影響ばかりではありません。お母さんたちにとっては，園における子
どもたちの様子を知ることにもつながり，子育て支援の側面をもっているともい
えます。

　地域の人々の保育への活用は，他にもたくさん考えられます。たとえば，地
域の相撲部屋の力士を招いて，力強く四股を踏むところを見せてもらったり，
一緒に相撲をとったりする園もあります。また，野菜の栽培活動に向けて農家
の方を招いて，野菜の育て方についてお話を聞いたりする園もあります。また，
園の夏祭りに向けて，地域の老人会の人たちから太鼓のたたき方や盆踊りを教
えてもらったりする園もあります。

　少子化，核家族化が進行している現代において，地域の人々とのかかわりは
子どもたちにとって貴重な体験です。また，このようなかかわりが地域文化の
伝承にもつながっていくと考えられます。地域の人々と連携を図りながら，保
育への取り入れ方を検討していきましょう。

第3節　社会に関心をもつ

生活に関係の深い施設に興味をもつ

エピソード 6　ガラスケース（5歳児）

　年長クラスで，年中さんに向けてお店屋さんをすることになりました。
いくつかのお店をすることになり，それぞれグループを分けて品物を作っ
ていくことになりました。

　品物がおおよそ出来上がると，今度は看板やレジなど開店に必要な物を
用意していきます。最近は，デパートやモール，スーパーが多く，品物が
一律に並んでいることが多いです。商店街などの専門店に出向き，どのよ
うに陳列されているか，売り買いはどのように行われているか，意識して
見られるように商店街見学に行きました。

　実際に見学に行くと，「（看板を見て）電話番号がのってる！」「（歯医者の看板を見て）マークがついてる！」，八百屋さんの前では「数字が書いてある！」「あれは，値段だよ！」など気づいたこと，知っていることがどんどん飛び交いました。

　見学した後，お菓子屋さんのミナミとカオリは，ケーキ屋さんでケーキが冷蔵庫に入っていたので，冷蔵庫を作ることにしました。自分たちで気づいたのがうれしくて，遊びの時間もずっと作っていた2人。

　「見えるようになってたよ」とガラス部分は，透明なビニールを貼りつけたり，ケーキとアイスも入れると置けないことに気づき，2段にしていきました。

　実際に見学に行き，気づいたことを自分たちで作っていくことで，「お店屋さん」が2人のなかで遊びになり，意欲的に取り組んでいく姿につながっていきました。[3]

　年長児になると身のまわりのことを注意深く観察し，自分でそれを遊びや生活に取り入れようとする力が身についてきます。エピソードでは，年長クラスの子どもたちが年中クラスに向けて行う「お店屋さん」のために商店街まで見学に行きました。保育者は実際のお店の様子を見て，見たことを活動に役立てて欲しいと思っていたようです。子どもたちは実際の商店街の様子から，お店のなかだけでなく，外で目にしたマークや電話番号の数字にも興味を示し，それが表している意味も理解していることがわかります。

　ミナミとカオリは，商店街のなかでもケーキ屋さんのショーケースに興味を

示しました。より本物らしく作るため，自分たちで工夫を凝らしている様子がうかがえます。このように園の外に出て大人の生活に触れたり，新しい発見をしたりすることは，子どもの意欲を刺激し，遊びなどの活動の原動力となります。

┌─ :エピソード 7: **電車に乗ったよ！（５歳児）** ─────

　H保育園の年長組は，５月の遠足で近くの大学に行きます。まずは保育園の近くの駅から２駅，電車に乗ります。電車のなかでは「騒がない，走らない，ふざけない」と先生と約束をして，みんなしっかりその通りにできました。

　大学に着くと，大学生のお兄さん，お姉さんが迎えてくれます。まずは大学内探検。大きな教室で授業を受ける様子を見学したり，事務室で仕事をしている大人たちの姿を見たりします。ある教室では音楽の授業中です。お兄さんお姉さんと一緒に，すずやタンバリンなどの楽器を演奏しました。

　探検が終わると，遊びの時間です。お姉さんから説明を聞いてホールでゲームをします。音楽に合わせて動物になりきってみたり，フルーツバスケットをしてたくさん体を動かしました。その後は，楽しみにしていたお弁当の時間です。たくさん体を動かしたので，おなかはペコペコ。お兄さん，お姉さんと楽しくおしゃべりをしながら，きれいにたいらげました。食後は，少し遊んでから電車に乗って保育園に帰りました。

　もう午睡はしない年長組ですが，さまざまな初めての体験をして疲れてしまったのでしょう。保育園に戻ってから，思わず机でうとうとしてしまいました。

　次の日，昨日の遠足のことを絵にかいてみました。いろいろ体験したのですが，みんなで電車に乗ったことと，楽器を演奏したことが特に印象深かったようです。

　上のエピソードは，保育所の子どもたちが保育者を養成している大学に遠足

に行ったときのものです。この日はクラスのみんなと電車に乗ったり，園舎よりずっと大きな校舎を探検したり，仕事をしたり授業を受けたりしている大人の様子を見たりと，保育園のなかでは経験することができない初めてのことをたくさん体験しました。毎年，この保育園の年長組が楽しみにしている行事の1つです。

　子どもたちの環境を考え豊かにするということは，園内の環境に限ったことではありません。園のまわりには，それぞれその地域ごとの特色ある環境が広がっていることでしょう。近くの消防署に見学に行き消防車に乗ってみたり，地域の図書館で読み聞かせを聞いたりなど，外部施設の活用は子どもたちの体験を豊かにします。活用できる地域資源に目を向け，連携を図りながら保育に取り入れていきましょう。

　本章では，子どもたちをとりまく文化的環境，社会的環境と保育との関連を，保育現場のエピソードをもとにしながら考えてきました。現代は家族単位での生活が中心となり，多様な文化や社会への関心やかかわりが減少してきているように思います。多様な経験を可能にする場，そして文化伝承の場として保育施設の重要性が増大してきているといえるでしょう。保育者となるみなさんがまずさまざまな事柄に目を向けること，文化に触れることを通して，体験を豊かにしていきましょう。

【注】

※1）※2）※3）のエピソードは，白梅学園大学附属白梅幼稚園の西井宏之氏に提供していただきました。

・・・・・・・・・・・・・・・・・・・・・・　参考文献　・・・・・・・・・・・・・・・・・・・・・・

高野紀子『「和」の行事えほん　春と夏の巻』あすなろ書房，2006年。
高野紀子『「和」の行事えほん　秋と冬の巻』あすなろ書房，2007年。
萌文書林編集部編『子どもに伝えたい年中行事・記念日』萌文書林，2015年。

第7章　確認問題

① 次の文章が正しければ○を，誤っていたら×を記入しましょう。

1．幼稚園や保育園において行事は子どもたちにとって良い経験となるため，できるだけたくさんの行事を計画することが必要である。

2．子どもの年齢によりできることは異なるため，行事は年齢別に行ったほうが良い。

3．コマ回しなどのコツが必要な遊びは，できる，できないに個人差があるため，保育に取り入れるべきではない。

4．園児の保護者や地域の人々は，保育者ではないため，どのような場合においても保育に取り入れてはいけない。

5．公共施設や地域の自然などを活用することによって，子どもは豊かな体験をすることができる。

② 次の（　　）に適切な言葉を入れましょう。

1．行事は，その位置づけや連続性を考え（　　　）に組み込んでいくことが大切である。

2．行事の指導は，幼児が（　　　）に楽しく活動できるようにする。またそれぞれの行事は適切なものを選び，幼児の（　　　）にならないようにする。

3．男の子の成長を願う節句を（　　　）の節句といい，女の子の成長を祝うお祭りを（　　　）の節句という。

コラム　地域施設としての園の役割

　朝の登園が一段落した頃，ベビーカーを押した母親が続々と園にやってきます。親子で遊ぶ「子育てひろば」の日です。部屋で保育者と一緒に，親子でわらべうたや触れ合い遊びを楽しんだり，体操をしたりして過ごした後，園庭に出ると，子どもたちは好奇心の向くままヨチヨチと自由に歩き回って探索を始めます。乗用玩具を見つけてそれにまたがる子もいれば，砂場に入りシャベルを手に砂遊びに夢中になっている子もいます。そんな子どもたちの遊ぶ様子を母親同士，言葉を交わしたり，保育者と会話したりしながら見守っています。ほとんどの園で見慣れた光景です。

　地域施設としての保育所・幼稚園・こども園には，その機能と専門性を活かして地域の子育て支援を積極的に担うことが求められています。そうした子育て支援の1つとして，このような園庭開放や体験保育，親子遊びの場の提供などを多くの園で実施しています。園は，地域の子育て家庭にとっても安心して利用できる環境が整っていることが魅力です。保護者にとっては，園の遊具や玩具，絵本などが参考になり，園児の様子を見ることで子育てに見通しがもてます。子ども同士の触れ合いを経験でき，保護者同士の交流も生まれます。

　施設の開放だけでなく，子育てに関する相談や情報提供も行っています。食事や排泄，睡眠などの基本的生活習慣に関することや，子どもへの接し方などの保護者の相談に対して具体的に助言したり，遊び方やかかわり方のモデルを示したりすることで，保護者の子育ての不安や悩みを和らげることができます。保育者・栄養士・看護師など専門性を活かした援助として，離乳食の試食会や子育て講座などを行っている園もあります。

　孤立したなかで子育てを行っている保護者にとって，親子で気軽に遊びに行け，相談できる園が身近にあることは，安心感につながるでしょう。虐待防止という観点からも，園は地域子育て支援の重要な役割を担っているのです。

第8章
遊びこそ乳幼児の学び

本章のねらい

　ここまで保育は環境を通して行うものであり，子どもたちが思う存分遊び込めるような環境を整えることが，いかに大切であるかをみてきました。では，自然や物，園庭や園内の環境だけが整っていれば，それで充分なのでしょうか。いいえ，そうではありません。保育は人と人とのかかわりのなかでの営みです。保育者や友だちなど人的環境も重要です。保育者の働きかけ次第で，子どもたちの生活がより豊かになることもありますし，その逆もあります。友だちといっしょに行動することによって，子どもにとっての新たな世界が開かれていくこともあります。

　本章では，保育者の役割や友だちとのかかわりのなかで育つものについて学んでいきましょう。そして，終章である本章では改めて遊びの重要性について確認したいと思います。

① **保育者の援助について知りましょう。**

　保育者の援助にはどのようなものがあるでしょう。また，どのような援助を心がけたらよいのかについて考えましょう。

② **友だちとのかかわりのなかで育つものについて学びましょう。**

　エピソードを通して，友だちとのかかわりのなかで何が育っているのかを考えましょう。

③ **遊びの重要性について再度確認しましょう。**

　遊びには，保育という限られたなかだけでなく，人が生きていく上で，どのような意味があるのかについて学びましょう。

第1節　保育者の援助の重要性

　みなさんが，幼稚園や保育所に通っていた頃の先生を覚えていますか？　優しい先生でしたか？　それとも怖い先生だったでしょうか？　幼稚園・保育所というコミュニティのなかにおいて，保育者は重要な環境の1つです。先生たちがいつもあたたかな笑顔で子どもたち一人ひとりを見守っている園では，子どもたちは保育者を安全基地として安心して伸び伸びと遊ぶことができます。けれども，先生たちがいつも怒ってばかりの園では，子どもたちは怒られないように先生の顔色をうかがいながら過ごすようになります。保育者の人に接する態度や言動は，子どもたちにとってのモデルにもなります。園の雰囲気やクラスの雰囲気といった環境をつくりだしているのは，保育者によるところが大きいのです。また，これまでの章でもみてきたように，子どもたちの興味や関心をとらえたうえで，環境を構成するのも保育者です。ここでは，保育者の援助についてエピソードを通して考えていきたいと思います。

（1）環境を構成する

　各保育室を観察してみてください。年齢によっても，クラスによっても，また季節によっても，物の配置や出してある玩具，おいてある絵本，コーナーの内容などが異なっているはずです。ブロックひとつをとってみても，発達段階や子どもたちの興味・関心，遊びの展開や発展などを考慮しておいてあります。また，夏には色水づくりのコーナーが登場したり，秋にはドングリや松ぼっくりを使った製作コーナーが登場したりと，そのときどきの子どもたちの興味に添ったコーナーが設けられています。

　幼児教育の父といわれる倉橋惣三（1882-1955）は，「幼稚園とは幼児の生活が，その自己充実力を十分発揮し得る設備と，それに必要な自己の生活活動の出来る場所である」と述べています。「設備によってこそ生活が発揮される」のであり，この意味において幼稚園は「先生が自身直接に幼児に接する前に，設備

によって保育するところ」[1] だというのです。この「設備」というのは，現行の幼稚園教育要領および保育所保育指針でいうところの「環境による教育」と同義ととらえることができるでしょう。子どもたちが園にやってきて，「これやりたい」と思えることをみつけ，自己を発揮させて思う存分遊び込んだり，生活を楽しんだりできるような環境を整えることが重要なのです。倉橋は，園での環境の背後には「先生の心が隠れている」と述べました。その「先生の心」とは，こんな体験をしてほしいなという保育者の願いであり，教育の意図なのです。では，次のエピソードには，保育者のどのような思いがあるでしょうか。

エピソード 1 「へなそうる」といっしょにキャンプ① （5歳児）

　毎年，年長組は7月に御殿場（静岡）へ2泊3日のキャンプにいきます。保育者はキャンプのことも意識しながら，幼年童話『もりのへなそうる』を5月くらいから少しずつ読み聞かせ始めました。子どもたちは，てつたくんと，みつやくん，そしてへなそうるが森で繰り広げる遊びや冒険にわくわくしながら，お話を楽しんでいます。

　6月の朝，登園すると，壁に大きくキャンプの日程プログラムが貼り出されていました。子どもたちは興味をもち，朝の準備を忘れて見入っています。大喜びしている子，うれしそうに友だちと手をつないで見ている子，プログラムを見ようとしない子とさまざまです。プログラムをみて，キャンプへのイメージが膨らんだ子どもたちは，早速キャンプ遊びを始めました。廃材の箱でリュックサックやお弁当，水筒や敷物を作り，大型積木で富士山やホテル，お風呂を作り，キャンプに出かけます。保育室やテラスを数人の女児がリュックサックを背負って歩き回り，所々でお弁当を食べたり，寝たりして遊んでいます。その様子をみた年中児（4歳児）も加わって，水筒の水を分けてもらって，一緒にキャンプごっこを楽しんでいます。

　子どもたちは，年長組になるとキャンプに行くということを年少組の頃から知っていました。いよいよ年長組になり，自分たちがキャンプに行くんだといううれしい気持ちの半面，親元を離れて2泊するという初めての経験に対する不安や心配もあります。担任保育者は，不安や心配はあって当然だけれど，楽しい気持ちをもってキャンプに行けるようにしたいと思い，『もりのへなそうる』を読み始めていました。ひとつの物語を通して心がひとつになり，楽しみを共有し，不安をいっしょに乗り越えてほしいという願いもありました。

　環境構成という観点からこの事例をみると，まず，キャンプのプログラムを貼り出したことがひとつのきっかけになっています。さっそく子どもたちがキャンプごっこを始めています。このとき，子どもたちが自由に使うことができる廃材が製作コーナーに用意されていたことも大切です。こうした環境が，子どもたち自身で材料を選び，イメージを具体的に表現することを可能にしています。キャンプごっこを楽しむなかで，夏のキャンプへの期待も高まっていきます。また，年中児も巻き込んで遊びが広がっています。

■エピソード 2■　「へなそうる」といっしょにキャンプ②　（5歳児）

　キャンプ1日目，2日目のお楽しみ会に何をするかを，クラス活動の時間に子どもたちと担任とで話し合いました。子どもたちからは「宝探し」「リレー」「お肉を焼いて食べる」「マシュマロを焼く」「木登り」「花火」「たまご探し」「へなそうると遊ぶ」などの意見が出てきました。すべての意見が出たところで，できるかどうかを一つひとつ考え，子どもたちと決めていきます。「たまご探しって何？」「森にたまごを探しに行くの」「だれの？うさぎ??」「違う!! へなそうるの!!」「それ怖くない？ へなそうるって恐竜じゃん!! たべられるよ」「それにへなそうるってどこにいるの？」「それ，本に書いてあんじゃない？」・・・。子どもたちの意見が次から次へと出てきて，相談の結果，お楽しみ会では，へなそうるのたまご探しをすることに決まりました。そして，へなそうるのいる場所の地図を手に入れるため，てつたくんとみつやくんに手紙をだすことになりまし

た。手紙の文面は子どもたちで考え,「へなそうると　ちょっとあそびたいので　いばしょをおしえてください」に決まりました。ポストに投函してから,返事を待つこと1週間。とうとう,てつたくんとみつやくんからの返事が届きました。子どもたちは大喜びです。キャンプ場についたら,目印をおいておくようにと書いてあります。さっそく目印の看板づくりが始まりました。

7月に入り,キャンプが近づいてきました。毎日繰り返しキャンプごっこを楽しむなかで「へなそうるのたまごみつけたらどうする?」「へなそうるが怖がったら?」「キャンプ楽しみだね~」と話す子どもたちが増えてきました。

キャンプ当日。つくってきた目印の看板を宿舎においておくと,翌日の朝には,へなそうるの居場所を示す地図が届けられていました。子どもたちの喜びと興奮は高まるばかりです。いよいよ地図を片手にへなそうるのたまご探しが始まりました。地図には7つの手紙のありかが書かれており,手紙にはたまごのある場所のヒントが書かれています。手紙を探し,ヒントを集め,たまごに近づいていきます。「わかった。ここだ!」一目散に走ってたまごを探し当て,「本当にあった!」「あった,あった!」と子どもたちから大歓声が上がりました。

ここから見られるように,5月から少しずつ『もりのへなそうる』を読み続けるなかで,へなそうるの存在が,子どもたちのなかで大きく膨らんでいたようです。お楽しみ会で,へなそうるのたまご探しをすることになりました。保育者は,子どもたちが楽しい気持ちをもってキャンプに行けるようにという願いをもって,『もりのへなそうる』を読み始めましたが,その思いは子どもたちの興味や関心と重なって,協同的な活動へと大きく発展していきました。子

どもたちは，へなそうるの居場所を調べるために本を見直したり，手紙をだしたり，目印の看板づくりをしたりと，自分たちで考え工夫しています。保育者は，へなそうると遊びたいという子どもたちの思いを叶えるために，てつやくん・みつたくんに代わって手紙を書いたり，へなそうるのたまごや地図を用意したりと，始終黒子に徹しながら環境をつくっています。子どもたちにとって『もりのへなそうる』の物語世界と現実世界を行ったり来たりしながら，心躍らせて楽しんだ時間は，何ものにも代え難いものとなったことでしょう。保育者にももちろん，見通しはあったことでしょう。しかし，保育者の思うとおりに遊びが展開しないことも当然あります。そのような場合，無理に保育者の計画を押し通すと，遊びそのものが子どもたちのものではなくなってしまいます。あくまで主体は子どもです。このエピソードでも子どもたちの思いを受け止めつつ，より充実した活動になるよう保育者が支えているのがわかります。子ども理解と遊びを見る目は，まさに保育者の専門性です。その専門的な力があれば，そのときどきの子どもの心や状況に一番適した環境を構成していくことができるのです。

（2）つなぐ・広げる

　保育者は，環境を構成するだけでなく，一人ひとりの子どもを把握しながら，今，何がその子に必要なのかを見極めた働きかけをします。いつも同じような場面で同じ働きかけをしているわけではありません。そして，一人ひとりを見ながら，全体もまた見ているのです。次のエピソードをみてみましょう。

エピソード 3 **先生はケイちゃん　（4歳児）**

　年中になったばかりのケイちゃん。4月当初は新しいクラスに戸惑った様子をみせていましたが，近頃は折紙遊びに夢中です。毎日登園すると真っ先に折紙コーナーに行き，1人で黙々とチューリップや桜の花を折っています。桜の花はハサミの入れ方で，形や大きさの違う花ができることが楽しいようです。そんなある日，ケイちゃんがたくさんの桜の花を折って，

うれしそうに保育者に見せにきました。「あら，ケイちゃん，きれいに作れたわね。せっかくだから画用紙に貼って飾ろうか」と，保育者は桜の折紙をケイちゃんといっしょに画用紙に貼り，枝を描き加えて壁に飾りました。すると，それをまわりでみていた子どもたちが「わたしもしたい」「ぼくもする」と，次々に桜を折り始めました。うまくできずに「先生，どうするの？」と聞いてくる子に，「ケイちゃんがとっても上手だから，ケイちゃん先生にも教えてもらおうか」と声をかけました。ケイちゃんを囲んだ輪ができ，ケイちゃんもニコニコしながら折り方を教えています。しばらくすると，たくさんの桜の花が出来上がり，「もっと大きい紙に貼りたい！」という声があがります。そこで模造紙をつなぎあわせ大きな1枚の紙にして，桜の花をみんなで貼っていきます。なかには空き箱に貼ったり，髪飾りをつくったりと，遊びが広がっていきました。

　保育者は，ケイちゃんが新しいクラスに戸惑っていることも理解し，なるべく声をかけていっしょに過ごしてきました。折紙コーナーで保育者といっしょに折ったチューリップや桜の花が，ケイちゃんは気に入ったようです。桜はハサミを使って切るので，最初はなかなか自分の思うような形に切ることができなかったケイちゃんですが，熱心に毎日繰り返し挑戦していました。折紙コーナーには，大小さまざまな折紙が用意されており，ケイちゃんは大きな折紙を使ってみたり，小さな折紙を使ってみたりしながら試行錯誤しています。ケイちゃんが保育者に見せにきたのは，小さなピンクの折紙でつくったもので，本物の桜の花のようでした。ケイちゃんも上手にできてうれしかったのでしょう。そこで保育者は，エピソードにあるように画用紙に貼って飾ることを提案したのです。結果として興味をもった子どもたちが折紙遊びに取り組み，遊びが広がっていきました。また，つくりかたを尋ねてきた子に「ケイちゃん先生にも教えてもらおうか」と声をかけることによって，ケイちゃんとまわりの子どもたちをつなぐ役割も果たしています。このエピソードで保育者は，ケイち

ゃん自身を受け止めること，ケイちゃんとほかの子どもたちをつなぐこと，そして遊びを広げることをしているのです。今まで折紙にあまり興味がなかった子も興味をもって新しい体験をすることにつながり，ケイちゃんだけでなく，どの子にとってもうれしい，楽しい活動になりました。保育者は常に個と全体を往還しながら，保育していることがわかります。

　こうした子どもたち同士のかかわりは，人的環境を考える上でも重要です。ヴィゴツキー（Vygotsky, L. S. 1896-1934）は，**発達の最近接領域**という概念を提唱しています。発達の最近接領域とは，「子どもが自分一人でできる現在の発達水準」と「まわりの大人や友だちの助けを借りてできる可能的発達水準」の間のことをいいます。つまり，独力でできる機能や能力の水準に近接し，まだ成熟していないけれど成熟中の過程にある機能，あるいはまだ萌芽状態にあるけれど明日には開花するかもしれない機能です。この発達の最近接領域に働きかけることが最も学習効果を高めるのだといいます。たとえば縄跳びが苦手でできなかったときに，お友だちといっしょになって大縄飛びをしていたらなんなくできてしまったという経験はありませんか？　ヴィゴツキーも，学びのプロセスとして仲間との交流が不可欠だと考えたのです。また，発達の最近接領域は，遊びによって創造されるのだとも述べています。以下に引用します。

　　遊びのなかで子どもは絶えず，その平均的年齢期よりも上位におり，その普通の日常的行動よりも上位にいる。遊びのなかでは子どもは，頭のなかで，自分自身よりも年上であるかのようだ。遊びは，凝縮した形で，虫めがねの焦点のように，発達のすべての傾向を含んでいる。子どもは遊びのなかで，自分の普通の行動の水準に対して飛躍をとげようとしているかのようだ。発達に対する遊びの関係は，発達に対する教授－学習の関係に匹敵すると言わなければならない。遊びの背後には，欲求の変化と，より一般的な性格をもつ意識の変化が存在する。遊びは発達の源泉であり，発達の最近接領域を創造するのである[2]。

　発達のすべての傾向が遊びのなかに含まれており，遊びそのものが発達の最近接領域をつくっていくのだというのです。発達の最近接領域は1人の子だけがもっているのではなく，それぞれの子がそれぞれの最近接領域をもっています。また，日々の子どもたち同士の遊びのなかで，最近接領域も移り変わっていきます。保育者は，一人ひとりの現在の発達の最近接領域を含めて子どもを理解し，適切に働きかけることが大切なのです。

図8－1　発達の最近接領域

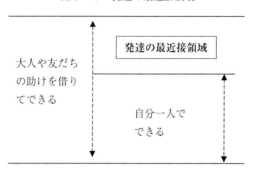

（3）気づきを見守る

　次は，生活のなかのエピソードをみてみましょう。「先生」というと，何かを子どもたちに教えなければならない，きちんと叱らなければならないと考える学生は多いですが，このようなエピソードの場合，あなたならどのように対応しますか？

エピソード 4　やかんのお茶　（4歳児）

　年中の春，5月からお弁当が始まったこのクラス。年少までは，お弁当時に飲むお茶を保育者がそれぞれのコップに注いでいましたが，年中になり自分でお茶のあるテーブルまで来て注ぐようになりました。子どもたちは進級の喜びをこの小さな変化からも感じ，得意げな顔つきでお弁当の支

度を早々に済ませ，我先にとお茶のテーブルに並んでは，自分のコップに
お茶を注いでいきます。中身が見えないやかんのなかでお茶が傾き，注ぎ
口から出てくる感覚を確かめるようにゆっくりとやかんを傾けていく目は
真剣そのものです。そのなかでサトシがコップの口ギリギリまでお茶を注
ぎました。「わっ〜〜！」と歓声を上げて満面の笑顔です。担任保育者は
「いっぱいだね〜」とだけ声をかけました。サトシは保育者と視線を交わ
した後，あふれそうになるそのコップをもってそっと静かに歩き，自分の
席まで運んで行きました。こぼすことなく無事に席にたどり着いたサトシ
は大喜びです。それを見ていた他の子どもたちも，次から次へとコップの
口ギリギリまでお茶を注いでは，静かに歩き席まで運んで行きました。気
がつけばクラスの男の子を中心に，多くの子どもがギリギリまでお茶を注
ぐこと，こぼさずに運ぶことに夢中です。この光景は，このクラスのお弁
当時の恒例の光景となりました。担任保育者は「ずいぶんたくさん入れた
ね」などと声をかけながら見守っていました。しばらくたったある日のお
弁当の時，最後の方にお茶を注ぎに行ったアヤが「お茶がない」と声を上
げました。やかんを傾けて出てきたお茶は少量で，底をついてしまいまし
た。そこで保育者は「え〜，なくなっちゃったの？　いっぱい入れてきた
のに」と声を上げました。クラスのなかから「サトシ君がいっぱい入れた
からだよ！」と声が上がります。「イツキ君だってノリ君だって入れてる
よ」と，サトシ。しかし，クラスの大半の人がなみなみとお茶を注いでい
る状況を子どもたちはわかっていました。そこで保育者が「どうしたらい
いかしらね？」と投げかけると「やっぱり，みんな少しずつにした方がい
いんじゃない？」とサトシが言い始めました。「そうだね，おかわりに行
けばいいしね」と答えが返ってきます。保育者は「じゃあ，どのくらい入
れればいいの？」と投げかけると「このくらい！」と指で２センチほどの
幅を作って見せる女児。それを見てクラス中の子どもたちが「そうだね」
「明日からね」と納得しました。
　翌日からのお弁当，子どもたちは昨日のことを誰かが口にするでもな

く，コップの底から2センチほどお茶を注いで席についていました。サトシは「入れすぎない方がいいんだよね」とつぶやきながら「ほら，これくらい！」と保育者に見せにきました。

〔**考えてみよう**〕

　サトシがコップいっぱいにお茶を注いだとき，どうして保育者は何もいわなかったのでしょう。

_____

_____

_____

_____

_____

_____

　ここでの担任保育者にはいくつかの願いがありました。それは，自分でお茶を注ぐという生活の変化に，子どもたちが成長を実感していることを大切にしたいと考えたこと。生活の作業が単なる作業ではなく，子どもが物と向き合う時と考え，その経験も大切にしたいと思ったこと。子どもたちがなみなみとお茶を注ぎ続けることで「みんなの分が足りなくなる」という事態は当然想定ができましたが，その状況に直面した時に，子どもたちと一緒に考えたいと思ったことです。保育者の援助のあり方は，その時々に大切な経験が何であるかによって変わってきます。積極的にかかわり，子どもたちの意欲や態度を喚起することもありますが，子どもたち自身の学びの時を見守り，子ども自身が問題

を解決していくことを助ける場合，あえて積極的なかかわりをしないという援助もあります。ここでは子どもたちが大きくなった満足感を味わった後に「みんなのルール」を自分たちで作っていった様子がわかります。これは保育者が次に起こる事態を想定しながら見守り，タイミングを見計らって子どもたちに「どうしたらいいかしらね？」と必要な方向性を投げかけるという援助が作用していると考えることができます。

第2節　友だちとのかかわりのなかで育つもの

　「やかんのお茶」のエピソードにもみられたように，子どもたち自身が環境をつくる主体者であることがわかります。お茶はコップの底から2センチという生活のルールを決めたのは，他ならぬ子どもたちでした。もし，保育者から初めに「お茶は2センチよ」と指示していたらどうでしょう。子どもたちは自分たちで考えることもなく，お茶が足りなくなるという実感もなく，保育者に言われたからルールを守るという受動的な形でしか存在できません。自分たちで行動し，自分たちで気づき，考え，自分たちで生活をつくりだしていくことにこそ，意味があるのです。

　次のエピソードをみてみましょう。

エピソード 5　お店の名前は・・・　（5歳児）

　はとぐみ（5歳児）さんのクラスでは，お店やさんごっこが盛んです。折紙やさん，ロボットやさん，どんぐりやさん，あやとりのひもやさんなど，いろいろなお店ができています。すてきなお店がたくさんできたので，年少さん（3歳児）や年中さん（4歳児）をお店に招待しようということになりました。そこで，名前を決めることになりました。「"みんなのお店"がいい！　"みんなのお店"に来てくださいってかけばいいんじゃない？」とアイちゃんがいうと，タカちゃんは「"みんな"じゃ，どこかわからないから，"はとぐみさんのお店"がいい」といい出し，セナちゃんは「い

ろいろあるから，"なんでもやさん"がいい」といいます。なかなか1つに決まらないので，ジャンケンで決めることになりました。提案者のアイちゃん，タカちゃん，セナちゃんがジャンケンをすると，タカちゃんが勝ち「はとぐみさんのお店」に決まりました。ところが，アイちゃん1人納得しません。「ジャンケンでは負けたけど，私が一番先にいったのに」と，負けたことはわかってはいるけれど，心がついていかないようです。その様子に保育者が「どうする？」とみんなに聞くと，「う～ん」とひとしきり考えてから，ケンくんが「じゃあ，"はとぐみさんみんなのお店"にしたらいいんじゃないの？」といい出しました。「それがいい！」まわりからも声があがります。保育者が「アイちゃん，どう？」ときくと，アイちゃんも「それがいい」と答え，名前が決まりました。

　このエピソードのように，子どもたちそれぞれの思いがぶつかりあうことは園生活ではよくみられることです。しかし，このとき保育者がトラブルを解決することだけに注力してしまうと，子どもたちの大切な育ちの機会を奪ってしまうことになりかねません。保育者は，「アイちゃん，ジャンケンで決まったでしょ」と，アイちゃんを我慢させることもできました。しかし，あえてそれをしなかったのは，負けたのはわかっているけれど，それでも我慢できないというアイちゃんの思いを受け止めたことと，子どもたち自身で考えて納得できる方法を探してほしいという思いからでした。アイちゃんの複雑な思いをくみとったクラスの子どもたちも，一生懸命どうしたらいいかを考えています。

　このように友だちとのかかわり合いのなかで，自分の意見や思いを伝える力，他者を思いやる力，感情をコントロールする力，異なる思いがぶつかったときにどう調整していったらよいのかといった，社会のなかで欠かすことのできない力を身につけているのです。

第3節　遊びの重要性

（1）原動力としての遊び

　遊びや生活のなかで，目には見えないけれども，一生の土台になるような大切な力が育っています。では，次のエピソードをみてみましょう。

エピソード 6　「どうしてちらかしてるの？」（4歳児）

　年中の秋，他園から転園してきたアキト。担任保育者に迎えられ保育室に入り，朝の支度を保育者と一緒に済ませるとあたりを見回しました。そして，担任保育者にこう尋ねました。「どうしてこんなにちらかしてるの？」「だれかかたづけないの？」担任保育者はなんのことかと一瞬戸惑いましたが，あたりを見回してすぐに納得しました。園内の至るところで，子どもたちの数人ずつのグループが思い思いに自分たちの遊びを展開させています。決して広いとはいえないこの園のなかで，あるところではマットを敷きつめ大型積木で家を作りごっこ遊び。机のあるところでは，空き箱やさまざまな素材を使って遊びに必要な物を作るグループ。隣の保育室をみれば，そこにもまた違うごっこ遊びが展開されています。その合間を年少児が行き来して，いろいろなものを運んでは置いていきます。それぞれがイメージをもち仲間意識を確認しながら，目的に向かって没頭している園内は確かに「ちらかっている」状況です。アキトはそれまでの園生活ではいけないとされてきた状況に戸惑いを覚えた様子でした。担任保育者は「みんな遊んでいるんだよ。ちらかしてるんじゃないの」「アキト君も好きなことして遊んでいいんだよ」と声をかけました。

　それから数日は，まわりの友だちの行動を一つひとつ保育者に報告してきました。「あんなことやってるけどいいの？」「これはいいの？」と一つひとつ聞いてくる表情には戸惑いがにじみ出ており，遊びに集中することはできないようです。しかし元来，物を作ることが好きなアキトは，段々

と遊びの時間にさまざまな素材で工作をすることを楽しむようになりました。自分の製作のプランを説明しては新しい素材を出してもらい，工夫を凝らした作品を作り上げることに没頭しています。年長の卒園間際にはより本物への思いが強くなり，用務の運転手を捕まえては木材を出してもらい，小さなメーターを作るようになりました。木材を出してもらったアキトは「この木の触った感じがいいんだよね〜」と木材をなでては笑顔を見せています。そしていつの間にかアキトのまわりは，いつもたくさんの素材であふれるようになりました。転園当初のアキトが言っていた，ちらかっている状況がアキトのまわりにはいつでもありました。そして彼は，将来の夢を「僕はまだちゃんと決めていないけれど，作る仕事をする人になる」とよく話すようになったのです。

　アキトが以前にいた幼稚園は人数も多く，日々の課題や活動が決められている幼稚園だったそうです。何か作るのは「ちゃんとした工作の時だけ」，つまり一斉での製作指導の時間だけでした。また雨の日のみ 1 人 2 枚だけ折紙を使うことができましたが，それ以上はもらうことはできない約束になっていたといいます。きちんと決められたプログラムがあり，遊びは活動や生活の合間を埋める自由時間としての色合いが濃い園だったと推測できます。決められたプログラムのなかで見本通り製作するのをよしとするような状況のなかでは，創造力も創意工夫も育ちにくいのがわかるでしょう。そのような環境から自分で遊びを選び，試行錯誤しながら作っていく園に来たことで，アキトの遊びは大きく変わったといえます。元来のものづくりへの興味が日々の生活のなかで満たされていくことで充実感を感じ，生き生きと遊ぶようになり，その生活から将来の自分を思い描くまでになっていきました。日々生活する環境が子どもの価値観を大きく左右すること，遊びへの取り組み，意欲に大きな違いが出ることを実感するエピソードです。1 章でも述べたように，現代の子どもたちが学力や意欲，向上心や対人関係能力の低下が問題視されるのは，こうした充実感を感じ生き生きと遊ぶ体験の欠如によるものではないかと言われるのはこのた

めです。主体的な遊びは，すべての原動力になっているといえます。

（2）ふかふかの土壌をつくる

　ここまで各章のエピソードが伝えているように，子どもたちが遊びや生活の
なかで，どれほど豊かに学んでいるのかがわかるでしょう。もちろん，子ども
自身は何かの力を身につけようとして遊んでいるわけではありません。ただ面
白くて楽しくて，遊びたいから遊んでいるのです。その結果として，多くの豊
かな学びがあるのです。

　乳幼児期は生涯にわたる土壌づくりの時期です。美しさに目を見張ったり，
不思議さに驚いたり，感触を楽しんだり，心をたくさん揺り動かすことによっ
て，その土壌は，ふかふかと柔らかく，肥沃なものになっていきます。よく耕
したふかふかの土地では，作物もしっかりと根をはり豊かに育つことができま
すが，固い枯れた土地ではせっかくまいた種もしっかりと根をはることができ
ません。遊びや自然のなかで出会った「不思議だな」「面白いな」という思い
が，「なんでだろう」「もっと知りたい」と，探求心や知的好奇心を育てる原動
力となり，やがて自らの知りたいという思いが知識や知恵をうみだしていきま
す。この時期の子どもたちに，実感の伴わない知識を無理に覚えさせても，本
当の意味での学ぶ力や生きる力にはつながっていかないのです。外遊びや自然
のなかでの遊びが多い子どもの方が，学習意欲が高いという調査結果があるの
ももっともなことです。しかし，それ以上に世界は不思議さや美しさ，豊かさ
に満ちたものなのだという心と体に刻まれた体験は，その子の人生を生き生き
としたものとしてくれるのではないでしょうか。目先の成果に心奪われるので
はなく，目に見えないものを大切にしたいものです。

（3）生命性を深める体験

　これまで教育というと，「何かの役に立つ」という，有用性の原理を中心に
行われてきました。何かを覚えたり，何かができるようになったりすることは
意味があり，役立つことです。でも，遊びはどうでしょう。3歳で文字が読め

ると，周囲の大人たちは，すごいねと褒めますが，たくさん遊ぶことができて
も褒めたりはしません。世間一般では，まだまだ「遊び」は低く見られがちで
す。ただ遊んでばかりいるのではなく，「文字を教えてほしい」「英語を教えて
ほしい」等々の要望が幼稚園や保育所に対しても寄せられます。しかし，有用
性の原理だけで，その人の豊かさや幸せを計ることができるのでしょうか。

　矢野智司（2014）は，子どもの理解について「社会的な有能性を高める経験
―発達の次元だけでなく，同時に生命性を深める体験―生成の次元においても
捉える必要がある」[3]と述べています。これまで教育は，役に立つのか立たな
いのか，あるいは意味があるのかないのか，といった有用性の原理によってい
ました。しかし，この有用性の原理にすべてが支配されたとき，私たちの生そ
のものが目的を達成するための手段として取り込まれてしまいます。目的―手
段という秩序のなかでは，私たちは生命との全体的な関係から切り離され，目
的を達成する事物のように生きることになります。もちろん，そんなことはで
きません。そのために，有用性の秩序を破壊して，世界との連続性を回復する
「生成」の体験が必要なのだといいます。人間の成長を考えていく上では，有
能性を高める発達と生命性を深める生成，そのどちらもがともに重視される
べきだというのです。目的をもたない遊びは，まさに「深く生命に触れる生成の
体験」なのではないでしょうか。子どもたちはただ楽しいから，ただ面白いか
ら，無心になって遊びます。その豊かな遊び体験が，私たちの根幹を支えてい
ます。

　「生命性を深める生成の体験」というのは，子どもだけでなく大人にとって
も必要なものだと考えます。私たちは目的を達成するための機械ではありませ
ん。社会にとって有用な仕事をするためだけに生きているわけではないはずで
す。自然に触れたり，芸術にひたったり，人とつながったりといった体験が，
私たちを人間らしく生き生きとさせてくれるのだというのは理解できるでしょ
う。ホイジンガ（Huizinga, J. 1872-1945）は，人間の文化は遊びのなかにおいて，
遊びとして生まれ，発展してきたのだととらえました。有用性の原理が強く働
いている現代，私たちは目先の成果や，子どもができるようになったことだけ

に目が向きがちです。しかし，子どもたちが生活のなかで，さまざまな自然，もの，人と出会い，心を揺り動かし，生きとし生けるものとしての生命性を深めていけるよう，無用の体験の価値を認識し，それを保障していくことも大切なのです。

※謝　辞

　本章のエピソードの一部は，愛星幼稚園教諭・石川かおる氏と百合丘めぐみ幼稚園教諭・大谷真理子氏より提供していただきました。

・・・・・・・・・・・・・・・・・・ 引用・参考文献 ・・・・・・・・・・・・・・・・・・

1）倉橋惣三『幼稚園真諦』フレーベル館，2008 年（初版は 1953 年），p.32。
2）ヴィゴツキー「子どもの心理発達における遊びとその役割」ヴィゴツキー他，神谷栄司訳『ごっこ遊びの世界―虚構場面の想像と乳幼児の発達』法政出版社，1989 年，p.30。ヴィゴツキー，土井捷三・神谷栄司訳『「発達の最近接領域」の理論』三学出版，2003 年。
3）矢野智司『幼児理解の現象学　メディアが開く子どもの生命世界』萌文書林，2014 年，p.24。
4）ホイジンガ，高橋英夫訳『ホモ・ルーデンス』中央公論新社，1973 年。

第8章　確認問題

次の（　　）内に適切な言葉をいれましょう。

1. 倉橋惣三は，幼稚園は「先生が自身直接に幼児に接する前に，（　　　）によって保育するところ」と述べました。これは現在の幼稚園教育要領や保育所保育指針でいう（　　　）による教育と同義である。

2. 保育者は，環境を（　　　）するだけでなく，一人ひとりの子どもに今何が必要かを把握して働きかけ，同時に個だけでなく（　　　）もみている。

3. 発達の最近接領域とは，子どもが自分一人でできる現在の発達水準とまわりの大人や（　　　）の助けを借りてできる（　　　）発達水準の（　　　）のことをいう。

4. 子どもたちは友だち同士とのかかわり合いのなかで，意見や思いを伝える力，他者を（　　　）力，（　　　）をコントロールする力，異なる意見を調整する力などを身につけていく。

5. 遊びはなぜ大切なのでしょう。自分の言葉でまとめてみましょう。

_____

_____

_____

幼稚園教育要領／領域「環境」

　周囲の様々な環境に好奇心や探究心をもって関わり，それらを生活に取り入れていこうとする力を養う。

1　ねらい
（1）身近な環境に親しみ，自然と触れ合う中で様々な事象に興味や関心をもつ。
（2）身近な環境に自分から関わり，発見を楽しんだり，考えたりし，それを生活に取り入れようとする。
（3）身近な事象を見たり，考えたり，扱ったりする中で，物の性質や数量，文字などに対する感覚を豊かにする。

2　内　容
（1）自然に触れて生活し，その大きさ，美しさ，不思議さなどに気付く。
（2）生活の中で，様々な物に触れ，その性質や仕組みに興味や関心をもつ。
（3）季節により自然や人間の生活に変化のあることに気付く。
（4）自然などの身近な事象に関心をもち，取り入れて遊ぶ。
（5）身近な動植物に親しみをもって接し，生命の尊さに気付き，いたわったり，大切にしたりする。
（6）日常生活の中で，我が国や地域社会における様々な文化や伝統に親しむ。
（7）身近な物を大切にする。
（8）身近な物や遊具に興味をもって関わり，自分なりに比べたり，関連付けたりしながら考えたり，試したりして工夫して遊ぶ。
（9）日常生活の中で数量や図形などに関心をもつ。
（10）日常生活の中で簡単な標識や文字などに関心をもつ。
（11）生活に関係の深い情報や施設などに興味や関心をもつ。
（12）幼稚園内外の行事において国旗に親しむ。

3　内容の取扱い
　上記の取扱いに当たっては，次の事項に留意する必要がある。
（1）幼児が，遊びの中で周囲の環境と関わり，次第に周囲の世界に好奇心を抱き，その意味や操作の仕方に関心をもち，物事の法則性に気付き，自分なりに考えることができるようになる過程を大切にすること。また，他の幼児の考えなどに触れて新しい考えを生み出す喜びや楽しさを味わい，自分の考えをよりよいものにしようとする気持ちが育つようにすること。
（2）幼児期において自然のもつ意味は大きく，自然の大きさ，美しさ，不思議さなどに直接触れる体験を通して，幼児の心が安らぎ，豊かな感情，好奇心，思考力，

　　表現力の基礎が培われることを踏まえ，幼児が自然との関わりを深めることができるよう工夫すること。
（3）身近な事象や動植物に対する感動を伝え合い，共感し合うことなどを通して自分から関わろうとする意欲を育てるとともに，様々な関わり方を通してそれらに対する親しみや畏敬の念，生命を大切にする気持ち，公共心，探究心などが養われるようにすること。
（4）文化や伝統に親しむ際には，正月や節句など我が国の伝統的な行事，国歌，唱歌，わらべうたや我が国の伝統的な遊びに親しんだり，異なる文化に触れる活動に親しんだりすることを通じて，社会とのつながりの意識や国際理解の意識の芽生えなどが養われるようにすること。
（5）数量や文字などに関しては，日常生活の中で幼児自身の必要感に基づく体験を大切にし，数量や文字などに関する興味や関心，感覚が養われるようにすること。

「幼児期の終わりまでに育ってほしい姿」

（幼稚園・保育所・幼保連携型認定こども園共通）

（1）健康な心と体
　幼稚園（保育所の，幼保連携型認定こども園における）生活の中で，充実感をもって自分のやりたいことに向かって心と体を十分に働かせ，見通しをもって行動し，自ら健康で安全な生活をつくり出すようになる。

（2）自立心
　身近な環境に主体的に関わり様々な活動を楽しむ中で，しなければならないことを自覚し，自分の力で行うために考えたり，工夫したりしながら，諦めずにやり遂げることで達成感を味わい，自信をもって行動するようになる。

（3）協同性
　友達と関わる中で，互いの思いや考えなどを共有し，共通の目的の実現に向けて，考えたり，工夫したり，協力したりし，充実感をもってやり遂げるようになる。

（4）道徳性・規範意識の芽生え
　友達と様々な体験を重ねる中で，してよいことや悪いことが分かり，自分の行動を振り返ったり，友達の気持ちに共感したりし，相手の立場に立って行動するようになる。また，きまりを守る必要性が分かり，自分の気持ちを調整し，友達と折り合いを付けながら，きまりをつくったり，守ったりするようになる。

（5）社会生活との関わり

　家族を大切にしようとする気持ちをもつとともに，地域の身近な人と触れ合う中で，人との様々な関わり方に気付き，相手の気持ちを考えて関わり，自分が役に立つ喜びを感じ，地域に親しみをもつようになる。また，幼稚園（保育所，幼保連携型認定こども園）内外の様々な環境に関わる中で，遊びや生活に必要な情報を取り入れ，情報に基づき判断したり，情報を伝え合ったり，活用したりするなど，情報を役立てながら活動するようになるとともに，公共の施設を大切に利用するなどして，社会とのつながりなどを意識するようになる。

（6）思考力の芽生え

　身近な事象に積極的に関わる中で，物の性質や仕組みなどを感じ取ったり，気付いたりし，考えたり，予想したり，工夫したりするなど，多様な関わりを楽しむようになる。また，友達の様々な考えに触れる中で，自分と異なる考えがあることに気付き，自ら判断したり，考え直したりするなど，新しい考えを生み出す喜びを味わいながら，自分の考えをよりよいものにするようになる。

（7）自然との関わり・生命尊重

　自然に触れて感動する体験を通して，自然の変化などを感じ取り，好奇心や探究心をもって考え言葉などで表現しながら，身近な事象への関心が高まるとともに，自然への愛情や畏敬の念をもつようになる。また，身近な動植物に心を動かされる中で，生命の不思議さや尊さに気付き，身近な動植物への接し方を考え，命あるものとしていたわり，大切にする気持ちをもって関わるようになる。

（8）数量や図形，標識や文字などへの関心・感覚

　遊びや生活の中で，数量や図形，標識や文字などに親しむ体験を重ねたり，標識や文字の役割に気付いたりし，自らの必要感に基づきこれらを活用し，興味や関心，感覚をもつようになる。

（9）言葉による伝え合い

　先生（保育者，保育教諭等）や友達と心を通わせる中で，絵本や物語などに親しみながら，豊かな言葉や表現を身に付け，経験したことや考えたことなどを言葉で伝えたり，相手の話を注意して聞いたりし，言葉による伝え合いを楽しむようになる。

（10）豊かな感性と表現

　心を動かす出来事などに触れ感性を働かせる中で，様々な素材の特徴や表現の仕方などに気付き，感じたことや考えたことを自分で表現したり，友達同士で表現する過程を楽しんだりし，表現する喜びを味わい，意欲をもつようになる。

確認問題の解答

▌第1章　子どもを取り巻く環境について学ぼう

1．影響，すべての　　　2．時間，空間，仲間　　　3．表情，視線，2
4．孤食，個食　　　　　5．能動的，環境

▌第2章　領域「環境」について

① 1．×　　2．○　　3．×　　4．×　　5．○
② 1．発見，生活　　2．感覚　　3．仕組み　　4．生命の尊さ

▌第3章　子どもと自然のかかわりについて学ぼう

1．○　　2．×　　3．×　　4．○　　5．○

▌第4章　子どもと物のかかわりについて学ぼう

1．○
2．○
3．×　年齢に適した活動内容と環境設定が大切である。
4．×　空き箱は，その物を何かに見立てることや子どもが空き箱を切ったり貼ったり
　　　することで，何かを見立てることもできる素材である。
5．×　5歳児

▌第5章　子どもと文字・数量などのかかわりについて学ぼう

1．×　4歳児　　2．×　鏡文字　　3．○　　4．○　　5．○

▌第6章　園の環境について学ぼう

1．生活　　　　2．固定遊具，可動遊具　　　3．家庭的，物的　　　4．食べる
5．自発的　　　6．動線　　　7．廊下　　　8．共有

▌第7章　社会・地域とのかかわりについて学ぼう

①　1．×　　2．×　　3．×　　4．×　　5．○
②　1．長期計画　　　2．主体的，負担　　　3．端午，桃（上巳）

▌第8章　遊びこそ乳幼児の学び

1．設備　　　2．構成，全体　　　3．友だち，可能的，間　　　4．思いやり，感情
5．主体的な遊びは乳幼児にとって，発達の原動力ともいえる。心と体を使って遊ぶな
　かで身近なものや自然について学び，試行錯誤したり，友だちとかかわりあったり
　しながら，創造力や思考力，探究心や知的好奇心，体力や運動能力，社会性などが
　育っていく。遊びは生涯にわたる基礎を培うものである。

索　引

《編著者紹介》

佐々木由美子（ささき・ゆみこ）　担当：第1章，第8章
　白百合女子大学大学院文学研究科博士課程単位取得退学　文学（修士），人間科学（修士）
　現　在　東京未来大学こども心理学部教授

主要著書

『子どもの育ちと「ことば」』（共著）保育出版社，2010年。
『保育における子ども文化』（共著）わかば社，2014年。
『保育内容「環境」』（共著）中央法規出版，2021年。

《著者紹介》

及川留美（おいかわ・るみ）　担当：第2章，第7章
　東京未来大学こども心理学部教授

小野崎佳代（おのざき・かよ）　担当：第6章
　東京未来大学非常勤講師

梶原里美（かじわら・さとみ）　担当：第3章
　足立区立本木保育園長

寒河江芳枝（さがえ・よしえ）　担当：第4章，第5章
　昭和女子大学人間社会学部初等教育学科特命准教授

（検印省略）

2017年4月20日　初版発行
2021年4月20日　改訂版発行　　　　　　　略称―環境指導

エピソードから楽しく学ぼう
環　境　指　導　法 ［改訂版］

編著者　佐々木由美子
発行者　塚　田　尚　寛

発行所　東京都文京区
　　　　春日2-13-1　　**株式会社　創 成 社**

電　話　03（3868）3867　　　F A X　03（5802）6802
出版部　03（3868）3857　　　F A X　03（5802）6801
http://www.books-sosei.com　振　替　00150-9-191261

定価はカバーに表示してあります。

©2017, 2021 Yumiko Sasaki　　組版：ワードトップ　印刷：エーヴィスシステムズ
ISBN978-4-7944-8101-6　C3037　製本：エーヴィスシステムズ
Printed in Japan　　　　　　落丁・乱丁本はお取り替えいたします。

—— 保 育 選 書 ——

佐々木由美子 編著
エピソードから楽しく学ぼう
環境指導法
定価（本体 2,000 円＋税）

福﨑淳子 編著
エピソードから楽しく学ぼう
子ども理解と支援
定価（本体 2,000 円＋税）

福﨑淳子・山本恵子 編著
エピソードから楽しく学ぼう
保育内容総論
定価（本体 2,400 円＋税）

及川留美 編著
エピソードから楽しく学ぼう
人間関係
定価（本体 2,100 円＋税）

百瀬ユカリ・田中君枝 著
保育園・幼稚園・学童保育まで使える
たのしい手あそび 50
定価（本体 1,500 円＋税）

百瀬ユカリ 著
よくわかる幼稚園実習
定価（本体 1,800 円＋税）

百瀬ユカリ 著
よくわかる保育所実習
定価（本体 1,600 円＋税）

百瀬ユカリ 著
実習に役立つ保育技術
定価（本体 1,600 円＋税）

鈴木美枝子 編著
これだけはおさえたい！
保育者のための「子どもの保健」
定価（本体 2,200 円＋税）

鈴木美枝子 編著
これだけはおさえたい！
保育者のための「子どもの健康と安全」
定価（本体 2,500 円＋税）

—— 創 成 社 ——